W0249208

Der bemalte Körper

Der bemalte Körper

von

Michel Thévoz

Direktor der
Collection de l'Art brut
in Lausanne

anke freytag
brügge, märz 1996

Aus dem Französischen übersetzt von Christel Petitpierre
Titel der französischen Originalausgabe: «Le corps peint»
© 1984 by Editions d'Art Albert Skira S.A., Genève
Deutsche Ausgabe: © 1985 by ABC Verlag, Zürich

Abbildungsrechte bei A.D.A.G.P., S.P.A.D.E.M., Paris
und Cosmopress Genf

ISBN 3-85504-097-4

Inhalt

Vorwort

Der Mensch unterscheidet sich von den andern Säugern durch ein gestörtes Verhältnis zu seiner biologischen Natur, das nach Lacan mit dem «Spiegelstadium» einsetzt. Anders ausgedrückt, unterhält das menschliche Wesen eine komplexe und schwierige Beziehung zu seinem eigenen Bild, die es dazu führt, seinen Körper zu verformen, zu verstümmeln, zu tätowieren, mit Narben zu versehen und durch Schminke, Kosmetik, Schmuck und Schönheitschirurgie zu korrigieren. Möglicherweise erklärt sich dieser autoplastische Trieb aus dem biologischen Umstand, dass der Mensch zu früh auf die Welt kommt, mit einer zu hellen und zu fragilen Haut, und dass er in seiner Hinfälligkeit auf einen künstlichen Schutz angewiesen ist, der physischer, aber auch symbolischer Natur ist.

Der Mensch ist *ausgesetzt,* in der doppelten Bedeutung des Begriffes: den Gefahren und den Blicken. Als einziges Tier wird er, im biblischen Sinn, nackt geboren und erreicht erst dann seine Identität im sozialen Gefüge, wenn sein Körper mit wesentlichen Veränderungen ausgerüstet ist. Er muss seinen Körper von der biologischen Bedeutungslosigkeit abgrenzen, um der kulturellen Ordnung der Gemeinschaft genügen zu können. In diesem Sinn kann man sagen, dass nur der bemalte Körper ein Körper ist.

Über die Loslösung des symbolischen vom anatomischen Körper, gleichsam die Schwelle zur Menschwerdung, kann man nur Mutmassungen anstellen. War es eine zufällige Narbe, eine Jagd- oder Kampfwunde, die als Zeichen des Mutes in den gesellschaftlichen Kodex aufgenommen wurde, oder stand sie gar am Ursprung eines solchen? Wie auch immer man diese ursprüngliche Trennung beurteilt, kann man die ersten Hautmarkierungen mittels Bemalung, Tätowierung oder Narbenschmuck als Auftakt zu einer Aussage betrachten, die zwar noch *mit* und *durch* den Körper geschieht, aber gleichzeitig ein stellvertretendes und sinnverschiebendes Spiel beginnt, dessen neueste und vielleicht letzte Wendung die moderne Informatik ist. Hinzuzufügen ist, dass im animistischen Weltbild der ersten Menschen sowohl Körperbemalung als auch Hautmarkierung nicht unbedingt den menschlichen Körper als Träger brauchten, um «körperlich» zu bleiben. So ist beispielsweise die Maske – vielleicht der erste Ersatzträger – nicht ein bewegungsloses Objekt gewesen wie unser Kunstwerk. Das Holz, aus dem sie geschnitten ist, verkörpert das lebende Fleisch des Baumes und damit dessen Wesen. Seine Physiognomie wird durch das Messer, den Pinsel und schliesslich durch die Bewegungen des Tänzers neu belebt.

Tatsächlich ist der Körper in dem Augenblick kein bemalter Körper mehr, wenn der bildnerische Träger kulturalisiert, unbeweglich, neutral und rechtwinklig wird. Und doch, wird er dies jemals endgültig sein? Die Ideologie des Abbildens gründet sich auf den Gegensatz von einem trächtigen Signifikat und einem durchschaubaren Signifikanten. Sie beinhaltet eine Abweisung der Schrift, der Markierung, der Bedeutung und des Zeichens. Und doch gibt es Bilder, die der illusionistischen Durchsichtigkeit zu widerstehen vermögen, die einem eigenen statt einem fremden Auftrag folgen und die sich unserem Auge als solche einprägen, ohne sich in der Offensichtlichkeit dessen zu verlieren, das sie darzustellen hätten. Dieses Wiederaufleben des Markierungstriebes eines fleischlichen Trägers verfolgt das System der Darstellung als ständige innere Bedrohung. Um diese abzuwenden, rahmt die abendländische Kultur ihre Bilder ein und setzt sie in die geweihte Ferne der musealen Mauern. Die Malerei als Kunst lässt das Bild erst erzittern und erinnert an seine eigentliche Körperlichkeit. Genaugenommen ist jeder Malkunst eine Wildheit eigen, welche den primitiven erogenen Körper hartnäckig in Bewegung hält und ihn ölt. Daher das Phänomen der Heiligsprechung der Kunst, um prinzipiell das Wagnis einer Überschreitung zu sanktionieren. Selbst die Fotografie, der man ein objektives Verfahren nachsagt, scheint sich seit einem Jahrzehnt ihre eigentliche Beschaffenheit als *bedruckter Filmstreifen* in Erinnerung zu rufen, was sie mit einer Netzhaut, und damit dem empfindlichsten Gewebe des Körpers, vergleichen lässt.

Wenn in der ursprünglichen Körperzeichnung ein Symbol für die «Entkörperlichung» bereits angelegt ist, so findet sich im gemalten Bild eine entsprechende Erinnerung an das vormals bemalte oder bedruckte Fleisch. Die Körperbemalung schürt in uns eine Ahnung von der imaginären Schöpfung an ihrem ursprünglichsten, innersten und geheimsten Ort – ihrem Epizentrum sozusagen. Auch wenn die Haut bei unseren Vorfahren der Prähistorie wie auch bei nichtabendländischen Völkern der erste Träger von Zeichen war und diese Aufgabe der Wand, der Holzplatte oder der Leinwand abgetreten hat, bleibt sie doch als körperlich Unbewusstes für die künstlerische Schöpfung empfänglich. Denn dieses Unbewusste hat sich nie ganz beiseite schieben lassen. Es äusserte sich manchmal wie aus Versehen durch einen Anflug von Angst und Erotik in Tätowierungen und anderen Körperzeichen, um schliesslich in den neuesten künstlerischen Ausdrucksformen seinen bezeichnenden Niederschlag zu finden. Die Instanz Körper ist in der Malerei – mehr als in allen andern Künsten und trotz der projizierten Distanz – gleichsam mit körperlicher Emphatie zu spüren. «Am tiefsten drin im Menschen liegt seine Haut», sagte Paul Valéry. Und tatsächlich manifestiert sich diese Tiefe nirgends so sehr wie auf dieser überempfindsamen Epidermis, wie sie die Leinwand eines Gemäldes ist. In diesem Sinne kann man sagen, dass Malerei Körpermalerei ist.

Der vorgeschichtliche Körper

Wenn wir an den Ursprung des Menschen denken, müssen wir uns von allen Klischees befreien, mit welchen uns die utilitaristische und produktivistische Ideologie des 19. Jahrhunderts vertraut gemacht hat. Weder handwerkliches Geschick noch die Herstellung von Werkzeug – beides an die anatomische Entwicklung gebunden – sind Kriterien der Menschwerdung. Der *homo faber* und der *homo habilis* sind retrospektive Projektionen des Second-Empire-Bürgers, der in der langen Geschichte der Menschheit die Voraussetzungen zu seiner eigenen Vervollkommnung zu einem Zeitpunkt sehen will, als er den Planeten zu verwestlichen beginnt. Die Vorstellung von einem affenähnlichen Wesen, das zufällig die Möglichkeiten eines scharfen Feuersteins entdeckt und dadurch seine Artgenossen über eine lange anthropologische Evolution in die industrielle Zivilisation führt, ist nur ein Hirngespinst von Technokraten. Tatsächlich setzen Herstellung und Anwendung eines Werkzeuges, das heisst eines polyvalenten, vom menschlichen Körper getrennten Aktionsmittels, eine intellektuelle Entwicklung voraus, zu der nicht nur Erfindungsgeist, Symbol, Halluzination und Phantasie gehören, sondern auch Urteilskraft, Herstellungs- und Beherrschungsvermögen.

Die Vorstellungskraft erwächst aus mangelnder Anpassungsfähigkeit. Ein unangepasster Mensch erlebt seine Umgebung in Unsicherheit und Angst; er verspürt eine grundlegende Machtlosigkeit und kompensiert sie durch Phantastereien und Projektionen, aus denen die Erfindungen hervorgehen,

Frau mit Bisonhorn oder
Venus von Laussel (Dordogne).
Flachrelief aus Kalkstein.
Aurignacien oder Protosolutréen.

Venus von Willendorf (Niederösterreich). Skulptur aus Oolithkalkstein. Aurignacien.

die nur den Menschen charakterisieren. Die Kunst, die aus industrialistischer Sicht zu nichts dient, erschien lange bevor noch der Mensch ein Tier zähmen oder einen Acker bebauen konnte.

Die Fortschritte im Gebrauch von Werkzeug, die nur zu lange aus dem Blickwinkel einer materiellen Folgerichtigkeit betrachtet wurden, scheinen immer mit symbolischen Handlungen verbunden oder sogar aus ihnen hervorgegangen zu sein: Bestattungen, mythologische Visionen, magische, rituelle oder «künstlerische» Akte sind alles irrationale, oft disfunktionelle Verhaltensweisen, die den rein praktischen Erfordernissen entgegengesetzt erscheinen. Seltsamerweise setzen sich phantastischer Glaube an ein Leben nach dem Tod – was der biologischen Evidenz widerspricht – und zweckgebundenes Einsetzen von Werkzeug gewissermassen gegenseitig voraus; jedenfalls entspringen beide einem Abstandnehmen von der unmittelbaren Wirklichkeit. Der Einbruch des Todes in die menschliche Existenz, das heisst die Fiktion von einem Nachleben, verweist auf eine grundlegende Unzufriedenheit, in deren Folge die Wunschhalluzinationen und die Phantasie Erfindungen hervorbringen. So sagte Edgar Morin überzeugend: «Wir müssen einsehen, dass der *homo sapiens* ein *homo demens* ist.»[12]

Seit einigen Jahrzehnten sind alle wissenschaftlichen Disziplinen zu einer gemeinsamen Hypothese gelangt: Die eigentlich menschliche Kultur entspringt einer biologischen Unfertigkeit, dem Wissen um diese Unvollkommenheit und folglich einer Distanznahme zu den naturgegebenen Bestimmungen. Die Thesen L. Bolks, Professor der Anatomie in Amsterdam, liegen diesem Konzept der Unfertigkeit zugrunde. In den zwanziger Jahren wies er nach, dass der Mensch im Vergleich mit allen andern Säugern als ein biologisch frühreifes Wesen zu betrachten ist – gewissermassen als eine Fehlgeburt. Fehlende Pigmentierung bei der Geburt, fehlendes Fell, der grosse Kopfumfang, die senkrechte Stirn, die Rückbildung des Kiefers, der nicht spezifizierte Verdauungsapparat, die Mongolenfalte, die Erhaltung der Vorhaut beim Mann und der äusseren Schamlippen bei der Frau sind alles Zeichen für den fetalen Zustand.

Diese anatomische Besonderheit führt zu einer mangelnden Anpassung an die Umgebung, zu einem Instinktverlust und einer Hemmung des vitalen Prozesses. Nach seiner Geburt bleibt das menschliche Wesen lange benachteiligt, schutzlos und abhängig von seinen Erzeugern und deren Fürsorge. Mit anderen Worten: Ein unerklärlicher genetischer Zufall hat den Menschen der Instinkte beraubt, die dem Tier eigen sind, und ihn dazu verdammt, seine eigene Natur mit Kultur aufzuwiegen. Der Mensch unterscheidet sich vom Tier durch einen strukturellen Mangel, der ihn zu Erfindungen zwingt. Um das Überleben der Spezies zu sichern, lehrt jede Generation ihre Nachkommen, kulturelle Errungenschaften auf Kosten der natürlichen Determinationen zu internalisieren. Dies beginnt bereits bei der aufrechten Haltung, die das genetische Programm keineswegs vorsieht: Schliesslich lief die von Wölfen aufgezogene Carolyn Carlson auch auf allen Vieren …

Der Mensch wird also seinem eigenen Körper als dem ersten Gegenstand einer «kulturellen Retusche» gegenübergestellt. Der Reifeprozess erfordert eine Folge von Korrekturen an Haltung, Anatomie und Ästhetik, um den Vorsprung der Natur durch Körperkultur auszugleichen.

Man braucht nur an die Geschichte der Kleidung zu denken, um deutlich den Vorrang des Symbols vor der praktischen Notwendigkeit zu erkennen. Wärmeschutz, Züchtigkeit und Schmuck sind die drei Hauptfunktionen der Bekleidung, wobei zweifelsohne die letztere die ursprünglichste und vordringlichste war. Die Tatsache, dass die ersten Vertreter der Gattung Mensch in einem tropischen Klima zu finden sind und dass die Bewohner von Feuerland und Kaukasus trotz Kälte und Feuchtigkeit auf Kleidung verzichten können, zeigt zur Genüge, dass die Kleider eher dem Schmuck und der Magie als zweckgebundenen Anforderungen genügen müssen. Als Gegenbeweis könnte man das Paradoxon anführen, dass in Tibet oftmals Gesichtsbemalungen als magischer Schutz gegen Kälte dienten. Auf diese Weise ist der erste Schmuck tatsächlich die Körperbemalung.

Für alles, was den urzeitlichen Menschen betrifft, ist man auf Hypothesen und Indizien angewiesen. Die Spuren sind so bruchstückhaft, dass man die Erkenntnisse empirisch über die Naturvölker ableiten muss. Diese ethnographische Komparativistik ist zwar nicht über jeden Verdacht erhaben, doch vermag sie weit besser die wenigen Spuren des Steinzeitmenschen auszuleuchten, als es das alternative Analogieverfahren mit Affen zu tun vermöchte. Eine Reihe von Indizien scheint zu bestätigen, dass der Körper zuerst bei den Neandertalern, dann bei den Aurignacmenschen der Gegenstand zu Zeichnungen, Entstellungen und rituellen Verstümmelungen war, wie dies noch zu Beginn dieses Jahrhunderts bei den sogenannten «Primitiven» der Fall war. Beim Neandertaler findet man erstmals den Brauch, die Gebeine der Toten, vermutlich aber auch den Körper der Lebenden, mit rotem Ocker zu bemalen. Man beachte, dass bei den übriggebliebenen «Primitiven» auch heute noch das rote Ocker, blutfarbenes Symbol der Vitalität und der Fruchtbarkeit, die am häufigsten verwendete Farbe der rituellen Körperbemalung ist. Ohne die Analogie zu missbrauchen, darf man doch annehmen, dass unsere Vorfahren die Gebeine ihrer Toten mit rotem Ocker bemalten, um deren Überleben durch eine Art Einbalsamierung zu sichern.

In der Höhle von Arcy-sur-Cure wurde eine Feuerstelle entdeckt, die vor etwa 40 000 Jahren der Farbherstellung diente, das heisst der Umwandlung von gelbem in rotes Ocker. Im nächsten Stadium, gegen 35 000, zeichnet sich bereits eine gesteigerte Fertigkeit im Umgang mit Farbstoffen ab, deren Grundsubstanzen eisenhaltiger Ton, Sandstein und rohe oder gekochte Materialien waren. Dennoch kennen wir bis anhin keine Darstellung, die uns über deren Gebrauch aufzuklären vermag. Man findet bestenfalls rhythmische Kerben auf Knochen oder Jagdinstrumenten, da es für diese Nomadenvölker lebenswichtig war, sich nur mit einem Minimum an Gegenständen zu belasten. Im Vergleich zu den Völkern, die noch zu Beginn unseres Jahrhunderts unter ähnlichen Bedingungen lebten, kann man vermuten, dass als *der* Träger einer bildlichen Darstellung derjenige bewegliche Gegenstand in Frage kam, den man unter allen Umständen mitnimmt: der eigene Körper. Der intensive Gebrauch, den der Aurignacmensch vom roten Ocker machte, führte die Prähistoriker zur Ansicht, dass er sich damit den Körper bemalte. Die Tatsache, dass er seine Toten in eine Ockerschicht bettete, lässt zudem vermuten, dass er diesem Stoff eine magische oder religiöse Kraft zuschrieb. Jedenfalls scheint die Anwendung von Farbstoffen als Körperbemalung im jüngeren Paläolithikum belegt zu sein: Die berühmte *Frau mit dem Bisonhorn,* ein Relief aus der Höhle von Laussel in der Dordogne (Solutréen), die *Unkeusche Venus* des Musée de l'Homme aus Mammutelfenbein (mittleres Magdalenien)

Unkeusche Venus.
Figürchen aus Mammutelfenbein.
Mittleres Magdalenien.

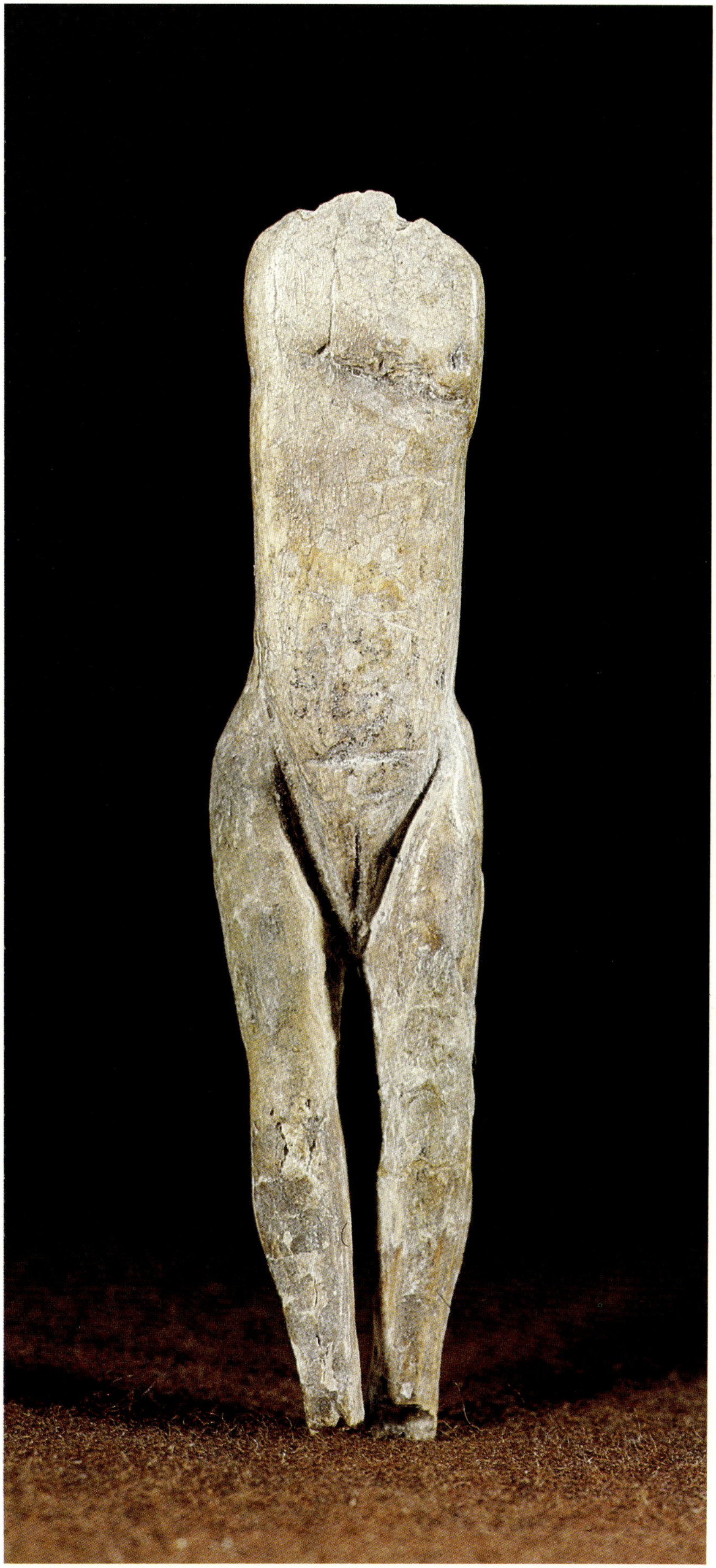

und auch die *Venus von Willendorf* des Naturwissenschaftlichen Museums in Wien zeigen alle einen roten Ockerauftrag auf dem Körper.

Ausserdem schnitzten die Aurignacmenschen ihre gelochten Stäbe (die wahrscheinlich als Hebel benutzt wurden, um Spiesse und Pfeile im heissen Verfahren zurechtzubiegen) oder ihre Gehänge häufig in Phallusform und versahen sie mit geritzten Verzierungen. Das Loch des Stabes oder des Gehänges, das als das entsprechende weibliche Organ gedeutet wird, war ebenfalls mit geschnitzten Mustern versehen. Dass ein anatomisches Organ auch in seiner plastischen Darstellung mit einer Reihe spezifischer Zeichen versehen wurde, lässt auf ein gleiches Verfahren in bezug auf den menschlichen Körper schliessen, wie dies ja auch bei den primitiven Völkern der Fall ist. Es wird einleuchtend, dass die erste Markierung des Körpers die Genitalien betrifft, denn hat nicht die Natur selbst den Geschlechtsunterschied auf den Körper gezeichnet, als Paradigma aller bedeutsamen Gegensätze der menschlichen Soziogenese? Der Kampf der Geschlechter steht zudem über dem Klassenkampf, vielleicht aus biologischen Gründen, die noch abzuklären sind. Die erste anthropologische Form von Herrschaft äussert sich in der Beziehung von Mann und Frau.

Es gibt jedenfalls viele Gründe, die Genitalien als die ersten Signifikanten einer sozialen Struktur menschlicher Gemeinschaften zu betrachten. Der Sinn der Beschneidung und der Klitoridektomie besteht genau darin, den grundlegenden, natürlichen Unterschied zu be-zeichnen und diesen in einem kulturellen Zusammenhang wirksam werden zu lassen – doch davon wird noch die Rede sein. Demnach hätte der Mensch diese, ihn vom Tier unterscheidenden symbolischen Strukturen in einem immer komplexer werdenden Spiel mit Körpermarkierungen entwickelt, indem er von seinem eigenen Körper und, mehr noch, vom Gegensatz der Geschlechter ausging.

Die statistische Untersuchung aller Wand-

darstellungen des Paläolithikums von Figuren, konventionellen Zeichen und dem System ihrer Anordnung liess André Leroi-Gourhan zum Schluss kommen, dass der elementarste Ausdruck der Wandzeichen auf dem Gegensatz der Geschlechter beruhe.[10]

Ein weiteres Indiz für die körperliche Präsenz in der frühesten Kunst sind die bekannten, im Schattenriss dargestellten Hände. Ihre Urheber drückten die Hand mit gespreizten Fingern gegen die Wand und tupften oder zerstäubten Farbe um sie herum (besonders in den Höhlen von Gargas, El Castillo und Pech-Merle). Bemalter Körper, nachgebildeter Körper: Es gibt kein spektakuläreres Sinnbild für die Inanspruchnahme des Körpers, der zugleich Träger und Gegenstand der Darstellung wird. Die Bedeutung dieser Handabdrücke wird wohl für immer rätselhaft bleiben. Und doch mutet es seltsam an, dass bei einigen Händen ein oder mehrere Finger abgeschnitten zu sein scheinen. Handelt es sich um rituelle Verstümmelungen, wie sie bei vielen primitiven Gesellschaften vorkommen? Oder sind die Finger gemäss einem Jägerkodex gekrümmt, wie dies Leroi-Gourhan vermutet? Oder hat man verstümmelte Individuen gerade ihrer Anomalie wegen als darstellungswürdig erachtet? Auf jeden Fall wird offensichtlich, dass das Interesse der künstlichen Veränderung des Körpers gilt, die zu einem bedeutungsvollen Zeichen in einem wohl magischen oder mythologischen Sinn wird.

Ob die Körperbemalung vor der Höhlenkunst (oder umgekehrt) praktiziert wurde, ist eine Frage, deren Beantwortung müssig ist. Man sollte sich von der abendländischen Auffassung befreien, die das Abbild von seinem Träger abstrahiert, diesen neutralisiert und ihn auswechselbar macht. Aufgrund der erwähnten statistischen Untersuchungen Leroi-Gourhans erscheinen die Höhlenwände nicht mehr als neutrale Träger, welche die Menschen des Magdalenien gewählt hätten, um nach und nach bequem die freien Flächen bedecken oder bereits gezeichnete Figuren übermalen zu können. In Wirklichkeit fügen sich die verschiedenen Teile einer Höhle ineinander wie die Organe einer lebenden Morphologie, welche die Anordnung der Figuren und die Abfolge der Themen zu bestimmen schien. Diese reihen sich vom Eingang der Höhle bis in schwer zugängliche Gänge in der Art einer mythologischen Kette aneinander, wobei die Höhepunkte mit der gegebenen Struktur der unterirdischen Höhle zusammenfallen.

So besteht zum Beispiel das Heiligtum von Etcheberryko-Kharbia im Baskenland aus äusserst unzugänglichen Windungen, deren Begehung ohne speläologische Expedition kaum gelingt. In Altamira und Lascaux scheint die Beschaffenheit der Natur die Themen regelrecht bestimmt zu haben; die Gestalten fügen sich in die naturgegebenen Wölbungen der Felsen. Denkt man an die animistische Beziehung der Naturvölker zur Natur, die sich von unserer ästhetischen Auffassung des Abbildens grundlegend unterscheidet, so kann man unschwer erahnen, dass die Höhle dem Eintretenden im halluzinatorischen Widerschein der Fettlampen wie monströse Eingeweide erscheinen musste.

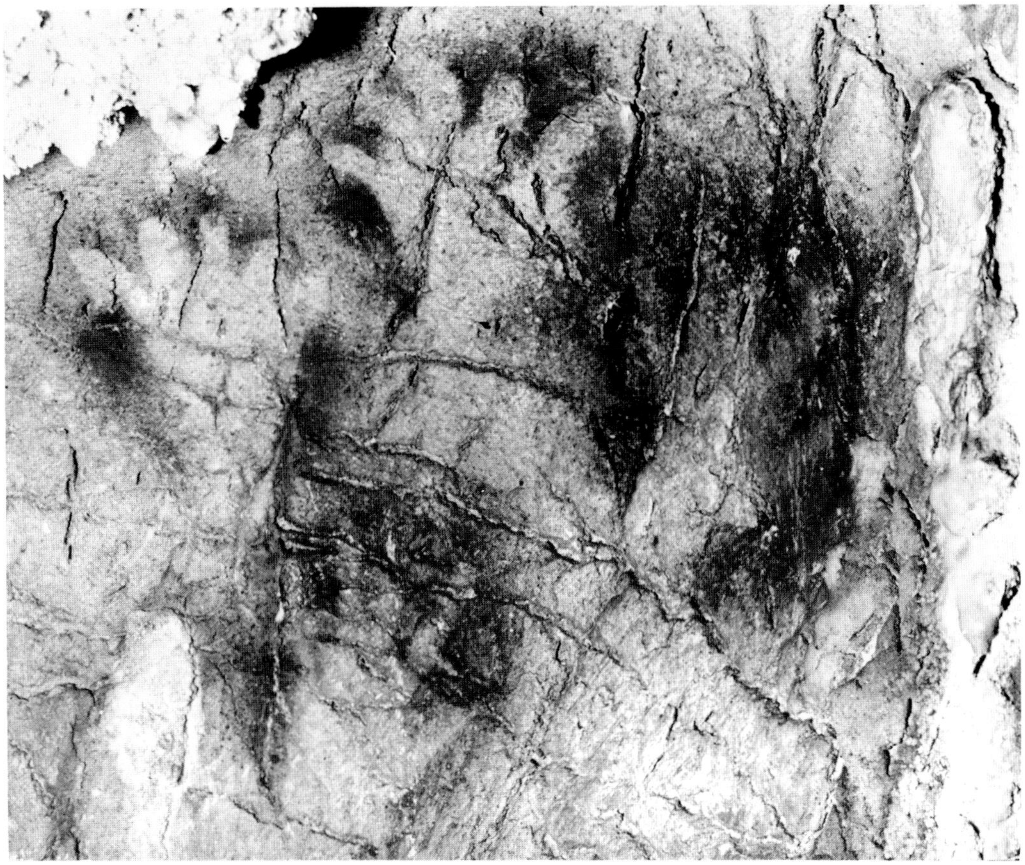

◁ *Negativabdruck einer Hand. Pech-Merle (Lot) Vor 15 000 v. Chr.*

▷ *Gruppe von vier Händen mit gebogenen Fingern. Gargas (Hautes-Pyrénées).*

Felsgravierung eines weiblichen Kopfes.
La Marche (Vienne).

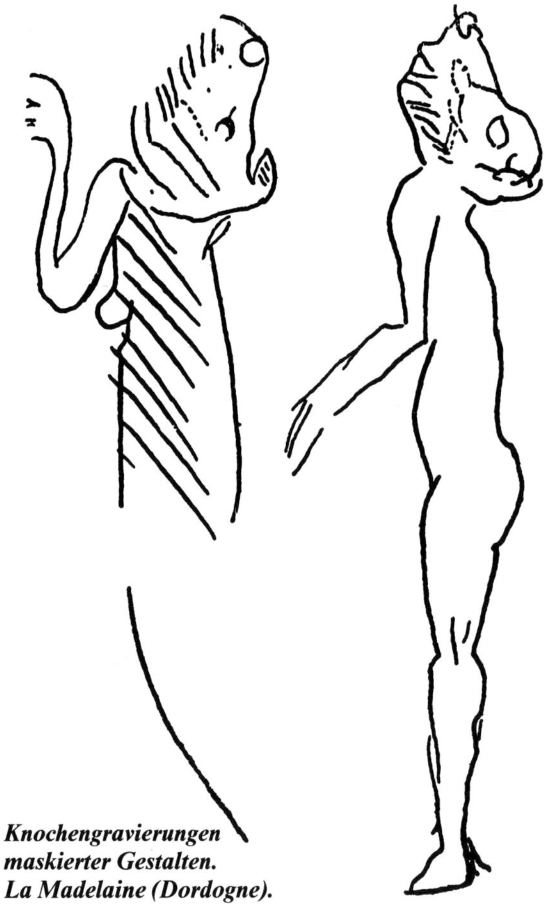

Knochengravierungen maskierter Gestalten.
La Madelaine (Dordogne).

Der Mensch, der diese «mütterliche Höhle» betritt (Leroi-Gourhan) und der sie wie seine eigene Haut salbt, tut nichts anderes, als sich die Welt einzuverleiben oder sich einverleiben zu lassen. Man kann sich vorstellen, dass er dieses Eindringen wie eine Art intrauterine Regression empfunden haben muss. Diese Salbung der mütterlichen Erde findet sich noch bei den Brahmanen, die rituell Felsen bemalen, die wie menschliche Bildnisse behauen sind; sie vermenschlichen damit den Stein und stellen einen lebendigen Bezug zu ihm her. Welchen Sinn hätte sonst die mit rotem Ocker, der Farbe des Lebens, auf die Innenwand der Mutter Erde silhouettierte Hand, wenn sie nicht rituellen Inzest mit ihr bedeutete? Hierdurch wird das grundlegende Verbot jeder Kultur sanktioniert, worauf die kastrierende Verstümmelung eines Zeigefingers weist, auch wenn diese nur durch einen gekrümmten Finger vorgetäuscht ist. Diese Deutung beruht zwar auf Vermutungen, doch ist sie weniger anachronistisch als die Hypothese eines ästhetischen Spieles, das die Idee des Museums vorausnimmt. Wie dem auch sei, wenn man das animistische Denken berücksichtigt, das der Natur eine Seele verleiht, so erübrigt sich die Frage nach der Chronologie von Körper- und Höhlenbemalung: Was immer die Menschen des Paläolithikums bemalten, es war ein lebender Körper. Dieser befreit sich erst dann von der Bemalung, wenn sich die Darstellung auf einer projektiven, neutralen, unbeweglichen und rechtwinkligen Oberfläche ereignet...

Wenn der menschliche Körper tatsächlich der prototypische Träger ritueller Be-zeichnung ist, begreift man auch, dass er so selten bildlich dargestellt wird, denn es könnte sich dabei nur um eine «unendliche» Wiedergabe handeln. Die Prähistoriker waren alle von der Seltenheit und der Merkwürdigkeit der menschlichen Darstellung in der paläologischen Kunst überrascht, obwohl das ikonographische Programm breit gefächert ist. 95% der gefundenen Darstellungen des Paläolithikums zeigen Tiere, die teilweise mit einem er-

Der Tanz. Felsmalerei, Australien.

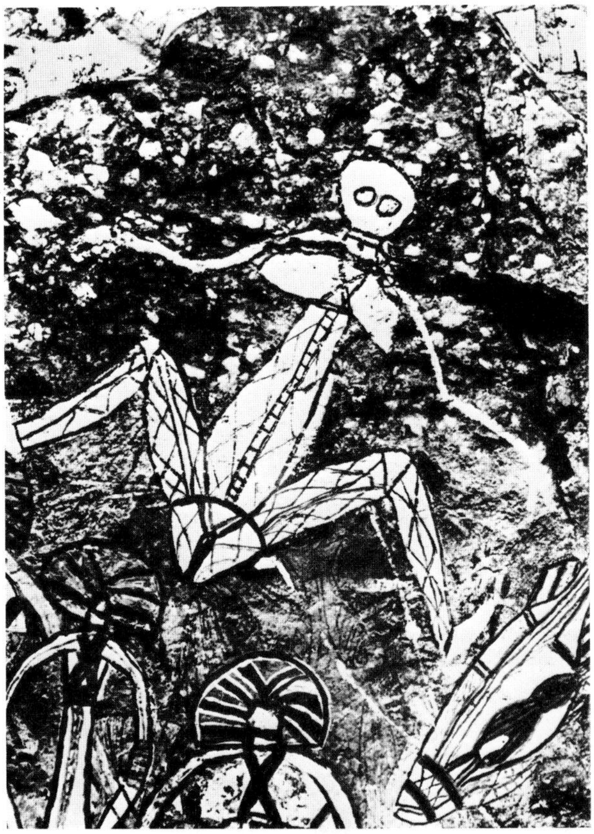

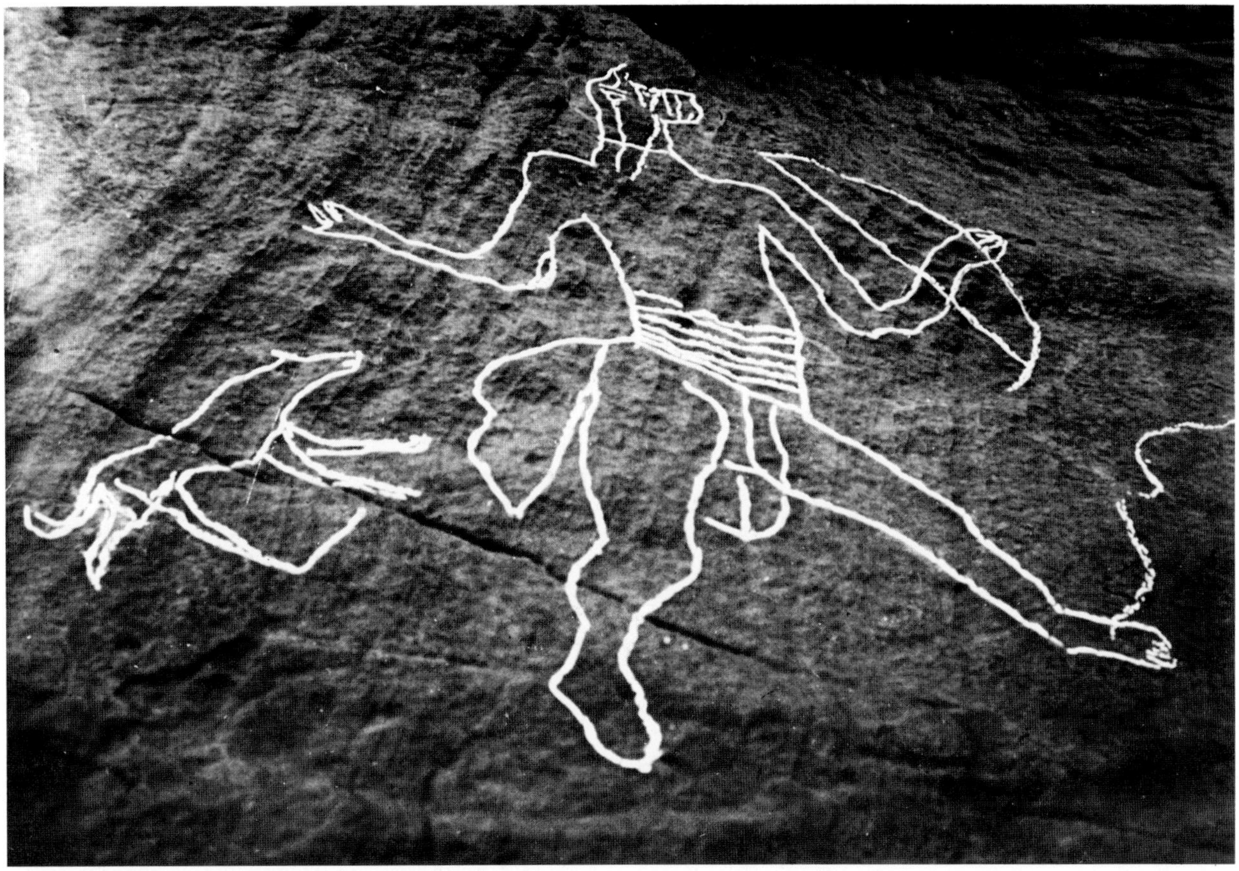

Jäger mit Doggenmaske und Hund. Tassili, Algerien.

staunlichen Realismus behandelt sind. Die menschlichen Gestalten hingegen, sofern sie ihnen beigeordnet sind, sind nachlässig oder sehr stilisiert als Silhouetten gezeichnet, in keiner Weise jedoch naturalistisch, als ob man deren Darstellung als überflüssig erachtet hätte. Eine Ausnahme bildet der Osten Spaniens, wo das Menschenbild häufiger anzutreffen ist; anders als das Tier wird es aber dort in einem Stil behandelt, den man auch mit «expressionistisch» umschrieben hat. Dabei wurde auf einen möglichen afrikanischen Ursprung verwiesen, obwohl es zu Jagdszenen gehört, deren übrige Elemente die viel realistischere französisch-kantabrische Kunst charakterisieren.[8] Diese Hypothese von verschiedener Herkunft der einzelnen Figuren einer gleichen Komposition ist natürlich absurd. Generell wird in der paläolithischen Kunst deutlich, dass der Mensch seinem eigenen Bild nicht einfach gleichgültig gegenüberstand, sondern dass er von der Idee geradezu besessen war, es zu verändern, zu retuschieren, zu entstellen – ganz im Gegensatz zum Bild der Tiere. So hat Leroi-Gourhan auf die häufige Verlängerung des männlichen Profils verwiesen, gleich einem Pferdemaul, oder auf die realistische Zeichnung des Körpers bei gleichzeitiger monströser Abplattung der Nase. Nun zeigen aber Skelettreste, dass der Mensch des Paläolithikums die gleiche Schädelform wie wir hatte. Wie erklärt sich demnach diese tierische Stilisierung? Als ritueller Tanz, bei dem sich der Tänzer verkleidet hätte, um das Wild anzulocken? Was auch immer die Erklärung dieser Merkwürdigkeit sei (Maske, Tätowierung, Formgebundenheit, Identifizierung mit einem Totem), sie lässt auf eine Überschreitung der physiognomischen Natur schliessen, auf eine symbolische Gewalt, die dem Körper angetan wird. Noch einmal wird deutlich, dass der Körper der erste Träger ritueller Zeichnung war.

Man findet prägnantere Zeugnisse für Körperzeichnungen in Wandmalereien der Sahara aus dem fünften oder einem späteren Jahrtausend; in Anbetracht der grossen Völkerwanderungen Westeuropas können sie jedoch als eine Überlieferung des europäischen

Gehörnte Göttin.
Inaunrhat (Tassili n'Ajjer).

Paläolithikums betrachtet werden. Die mit Lendenschurz, Armbinden, Kniebändern und anderen Attributen des Tanzes geschmückte *Gehörnte Göttin* vom Tassili n'Ajjer trägt offensichtliche Körperverzierungen auf Schultern, Brüsten, Schenkeln und Waden, die Narbenzeichnungen sein müssen. Auch eine andere weibliche Figur in rituell kniender Haltung vom Tassili, *Antinea* benannt, trägt auf Armen und Brüsten längsstreifige Verzierungen, die Narbenzeichnungen ähnlich sehen, wie sie noch kürzlich in Schwarzafrika gemacht wurden. In der australischen Höhlenkunst findet man ebenfalls verzierte Körper, so die *Hockende Teufelin* von Ngungunda mit parallelen Streifen.

Antinea. Jabbaren (Tassili).

Tätowierte Negerin.
Tanzumaitak (Tassili n'Ajjer).

Männchen mit verschiedenen Körperverzierungen.
Sefar (Tassili n'Ajjer).

Körperbermalung, Tätowierung und Narbenzeichnung scheinen sich bis in die vorstaatlichen und staatlichen Gesellschaften der Jungsteinzeit hinein erhalten zu haben. Die Körper der zahlreichen weiblichen Statuetten (Idole?), die man auf Kreta und Zypern, in Syrien und Tordos im Donautal gefunden hat, tragen spezifische Ritzmuster, die Töpfereiverzierungen ähneln und zweifelsohne rituelle Bedeutung haben. Das *Idol in Brettform* des Zypriotischen Museums in Nikosia ist in dieser Hinsicht besonders aufschlussreich, denn man findet hier einen merkwürdigen Bruch zwischen der summarischen Behandlung der Bronzefigur und der Verfeinerung der beidseitig eingeritzten Verzierungen.

Die Anordnung der Motive folgt der Gestalt des menschlichen Körpers, der nur angedeutet ist, als wäre er selbstverständlich. Wie anders soll man den Verzicht des Künstlers auf eine anatomisch genaue Darstellung erklären als durch die Tatsache, dass die Verzierungen für den realen menschlichen Körper entworfen und erst in einem zweiten Schritt

◁ ***Hockende Gestalt.***
Ngungunda.
Nordwestaustralien.

△ ***Brettidol mit vorstehender Nase.***
Antike Bronze III. (1900–1800 v. Chr.).

auf die Bronzeplatte übertragen wurden, welche nun den herkömmlichen Bildträger metaphorisch ersetzt?

Wie wir noch sehen werden, verschwinden die Körperverzierungen im Vorderen Orient und in Europa mit der Gründung der grossen Barbarenstaaten. Sie finden sich nur noch bei den Nomadenvölkern der östlichen Steppe. So bemerkte Herodot über die Thraker: «Tätowierungen zu tragen ist für sie ein Zeichen des Adels, keine zu tragen jedoch das Gegenteil.» Von den Skythen stammt eine der frühesten noch erhaltenen Tätowierungen. 1947 fand man in einem Grabhügel von Pazyryk im Hochaltai die Überreste eines mumifizierten Menschen, den der Frost konserviert hatte. Die Mumie, die wahrscheinlich aus dem 5. vorchristlichen Jahrhundert stammt, trug Tiertätowierungen im Stil der Holzfigürchen. Die Tätowierungen (Stiche und rote Farbe) fanden sich auf Armen und Brust, einem Teil des Rückens und auf den Waden des Trägers, also auf allen unbekleideten Körperteilen.

Tätowierte Haut einer Männerhand, mit Darstellung mythischer Tiere. Pazyryk (Hochaltai). 5.–6. Jh. v. Chr.

«Verkleidung» als Wahnsinniger.
Kainantugebiet, Neuguinea.

Der wilde Körper

Es lässt sich nicht leugnen, dass uns die Körper- und Gesichtsbemalungen der Ureinwohner Afrikas, Amerikas, Australiens und Polynesiens ästhetisch erschüttern und uns ein unbestimmtes Angstgefühl einflössen vor etwas, was uns fremd erscheint. Auch wenn seit bald einem Jahrhundert die wichtigsten avantgardistischen Kunstströmungen, wie Expressionismus, Fauvismus und Kubismus, unser Wahrnehmungsvermögen auf Formen lenkten, die der westlichen Kultur zunächst fremd erschienen, so taten sie dies jedoch mit symbolischen Objekten, wie Masken oder rituellen Gegenständen, die mehr als andere geeignet waren, der abendländischen Wertschätzung eines Kunstgegenstandes zu entsprechen. In letzter Zeit haben Künstler wie Yves Klein, Arnulf Rainer oder Hermann Nitsch, aber auch Bewegungen wie Body Art, Transvestismus oder Freie Figuration, den Körper als Träger plastischer Schöpfung miteinbezogen und uns gewissermassen mit der Körperbemalung wieder vertraut gemacht. Aber dieser Bezug zur Primitivität in einer Gesellschaft, die mehr denn je der industriellen Lebensweise und Mentalität unterworfen ist, bedeutet zuerst einmal Provokation. Wenn Gauguin als einer der ersten primitiven Formen huldigte, so war dies für ihn eine Art Opium, um das Unbehagen der Zivilisation gegenüber zu neutralisieren und ihm die nostalgische Alternative eines exotischen Paradieses gegenüberzustellen. In der Folge haben Expressionisten und Kubisten zu Neger- und Polynesiermasken gegriffen, um eine formale Ordnung zu zerstören, die sie als unterdrükkend empfanden. Die modernen Adepten der Körperbemalung schliesslich überbieten die technologische Wildheit einer Gesellschaft, die sie zu ethnographieren vorgeben. Ihre künstlerische Bezugnahme zum Naturzustand dient nicht dazu, den Antagonismus zwischen Primitivismus und Okzidentalismus zu überwinden, sie verschärft ihn vielmehr. Es geht nicht um Integration, sondern um einen ironischen oder provokativen Rückgriff auf das, was für uns am wenigsten assimilierbar ist. Absichtlich oder unbewusst heben die Avantgardisten unter den Künstlern ihre kulturelle Rebellion hervor, indem sie den «primitiven» Schrecken (in der ursprünglichsten Bedeutung des Begriffes) hervorrufen.

In volkstümlicher Ikonographie und kindlicher Vorstellung ist die Körperbemalung in dieser Hinsicht das eindrücklichste Sinnbild. Wer kennt nicht diesen atemberaubenden Moment des Abenteuerfilms oder der Comics, in welchem sich die Zweige der äquatorialen Wälder langsam zur Seite biegen und das erschreckend bunt bemalte Gesicht des Zulus oder des Pygmäen erscheint, dieses Gesicht des anderen, des Wilden, dieses Wesens, das sich unbestimmbar und undurchdringlich an den Grenzen des Menschseins bewegt und in dessen unbeteiligten Augen sich unser Schaudern spiegelt? Es wäre zu einfach, diesen Eindruck kindlichen Erschreckens als einen spezifisch vulgären Effekt rassistischer Ikonographie abzutun. Die Hersteller von Emotionen spekulieren erfolgreich mit der Körperbemalung als Sinnbild für Wildheit. Wenn wir diese unsere emotionale Reaktion zu hinterfragen beginnen, so ziehen wir zwei-

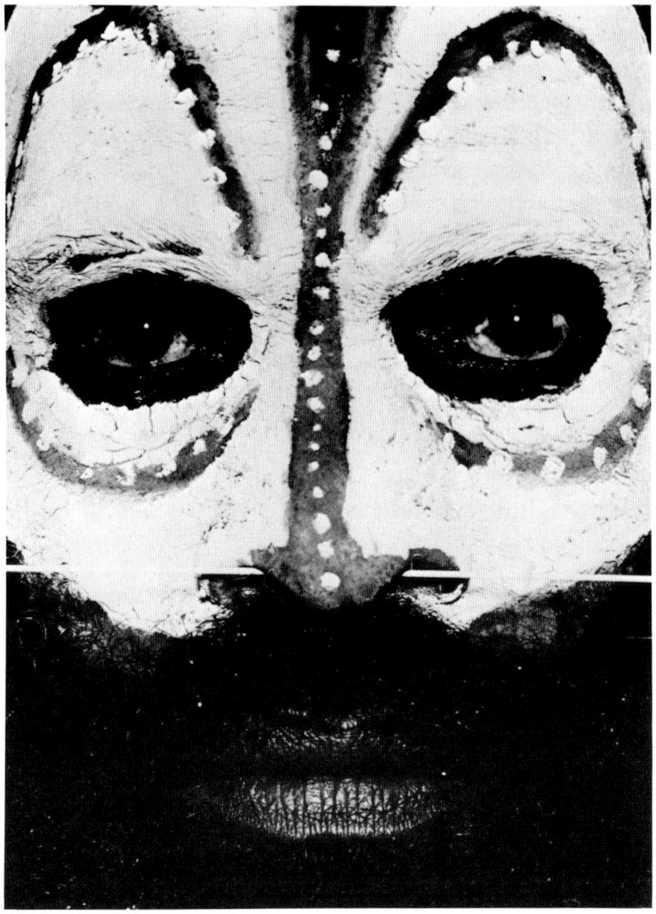

fellos einen Nutzen daraus; denn auch wenn sie auf eine romantische und exotische Ebene zurückfällt, bleibt sie doch wahrhaftige Empfindung.

Es wäre eine andere Form des Ethnozentrismus, wenn wir uns dieser Welt so fremd fühlten, dass wir jede Gefühlsregung, die aus ihrem Kontakt erwächst, ablehnten und ihren Zugang Ethnologen und Anthropologen überliessen. Überverständnis und wissenschaftliche Objektivierung sind nur symmetrische Formen der Rassentrennung.

Unsere Angst vor dem bemalten Gesicht entspringt einer inneren Zwiespältigkeit: Einerseits ist es uns sehr nahe, denn es gehört zu einem Wesen unserer Art, andrerseits aber ist es weit entfernt, denn das, was wir als wesentliches physiognomisches Attribut der menschlichen Person zu erkennen gelernt haben, ist völlig unkenntlich. Wir empfinden das zweideutige Gefühl, das Freud als das «beunruhigende Sonderbare» analysierte: das Grauen vor dem, was wir als ureigensten Teil unseres Selbst erkennen müssen, eine Reaktion, die die «Wiederkehr des Verdrängten» hervorruft. Nach Auffassung der Psychoanalytiker ist das, was zurückkehrt, ein Gebilde, das vorausgegangenen psychischen Zeiten angehört, ein ursprünglich vertrautes Gebilde, auf welches die Verdrängung eingewirkt und es damit beängstigend gemacht hat. In diesem Falle handelt es sich wohl um das beunruhigende Sonderbare, von dem Freud spricht, und man kann vermuten, dass die Körperbemalung in uns zivilisierten westlichen Menschen archaische Phantasmen wiederaufleben lässt.

Ein Urbild ist das des zerstückelten Körpers. Es führt uns zum Stadium zurück, das der Bildung unseres Ichs vorausgeht, das heisst zum Verschmolzensein mit der Mutter, wo die Triebe noch keiner eigenen Instanz unterliegen. Das Universum des Neugeborenen ist in mancher Hinsicht mit demjenigen eines psychotischen Menschen vergleichbar. Die biologische Frühreife, die Not des ersten Alters, die völlige Abhängigkeit von äusseren Instanzen, die abwechselnd als liebenswürdig oder als frustrierend empfunden werden, liefern den Säugling einer fundamentalen Angst aus und schaffen so die Vorbedingungen für Phantasiebilder.

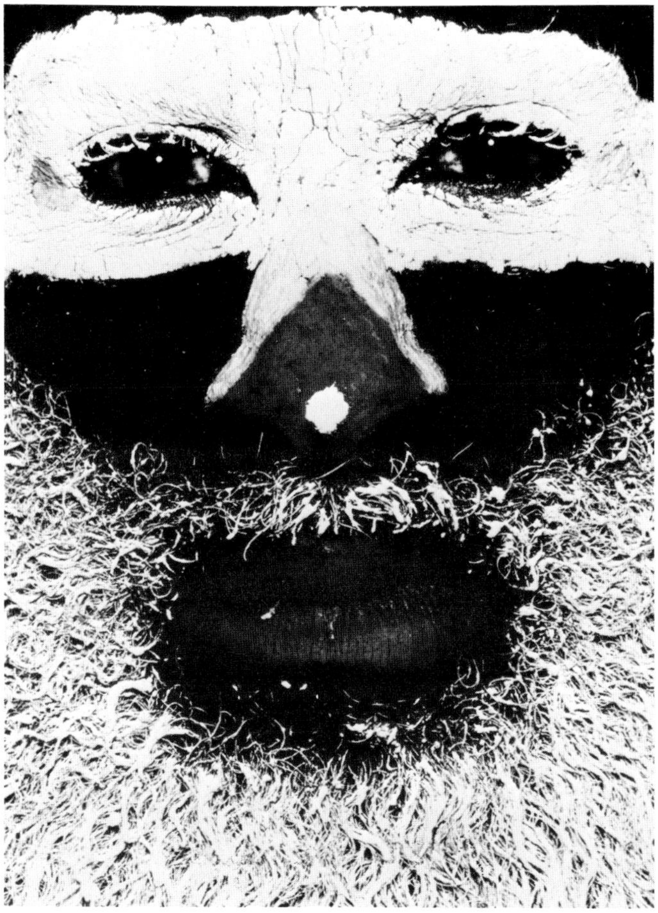 

Das durch die Dialektik von Aggressionen und Vergeltungsmassnahmen gespaltene Universum rechtfertigt die Bezeichnung «schizoparanoid», die Melanie Klein diesem ersten Entwicklungsstadium gegeben hat.[24] Deshalb besteht die abendländische Kultur hartnäckig darauf, die Partialtriebe zu verdrängen, die anarchistisch, zerstörerisch, mörderisch, inzestuös und kannibalisch sind. Unser tausendjähriger Kampf gegen die Verdrängung der Triebe wird insbesondere durch die Entwicklung der Kleidung offenbart, welche sich von der Antike bis heute immer mehr durch Verhüllung, Einheit, Kontinuität, Symmetrie und Physiognomisierung des Körpers auszeichnet und letztlich die einzelnen Glieder unter eine totale Form bringt (was die Maskeraden-, Zirkus- und Karnevalskostüme a contrario unterstreichen, die einen Ausnahmestatus geniessen). So als gälte es, der ständig drohenden Zerstückelung des Körpers mit einer Betonung der persönlichen Identität und Einheit entgegenzuwirken.

Nun bringen aber die Tätowierung und mehr noch die Gesichtsmalereien gerade das auf, was wir abzuwenden suchen: den Zerfall des Körpers, das Zerbrechen der Physiognomie, das Reich der Triebe und die Auflösung des Ichs - eben alle jene pathologischen Kräfte, für die der Erwachsene der westlichen Hemisphäre empfänglich ist. «Wir führen ein ausgeprägtes Gesichtsleben», sagte Henri Michaux und meinte damit, dass die Physiognomie der konzentrierte Ausdruck unserer selbstbezogenen Psyche sei. Gerade auf diese fragile Fassade zielt die Körperbemalung ab, indem sie auf dem Gesicht das unterstreicht, was die westliche Mentalität tarnen möchte. «Durch sein Gesicht markiert», ist ein Ausdruck Cocteaus, dem jenes andere Paradoxon der Gesichtsbemalung entspricht, die uns demaskiert - wenigstens empfinden wir es so. Schreiende und kontrastreiche Farbfelder zersetzen hier das Gesicht, markieren seine Öffnungen und Wölbungen oder lösen achtlos seine Symmetrie auf, vergreifen sich, mit andern Worten, an dem für unsere Kultur so wesentlichen Prinzip der Einheit und der Geschlossenheit.

Diese Gesichtsspaltungen bewirken in uns eine Art geistige Wanderung und ein Überschreiten der Identität. Das Thema der Dop-

Nuba von Kau, Sudan.

Mann aus der Hochebene des Mount-Hagen-Gebietes, Neuguinea, beim Sing-Sing-Fest.

pelgestalt hat unsere Phantasie stets beschäftigt, gleichsam als innere Bedrohung all unserer symbolischen Verhaltensmuster. Diese Drohung wird deutlich, wenn sie Tiergestalt annimmt. Der «Wolfsmann», der «Rattenmann», das «Pferd des kleinen Hans», «Arpad, der kleine Hahnemann», den Ferenczi analysiert hat, sind im psychoanalytischen Vokabular das Echo der Märchentiere wie auch die Verkörperung unserer archaischsten Phantasmen. Gerade dieses Animalische, das unsere humanistische Ideologie ins Dunkel des radikal andern verdrängt hat, sehen wir nun auf dem Körper unserer afrikanischen oder polynesischen Artgenossen. Diese Aufforderung ist um so heftiger, als sie direkt wirkt, derb, sinnlich, durch eine eigentliche Sprache der Epidermis. Gerade weil wir zur anatomischen Verhaltenheit, zum Reinlichkeitswahn der westlichen Hygiene, zum Imperativ des intakten, sauberen Körpers erzogen worden sind, spüren wir das klebrige Öl um so lebhafter auf der Haut, diese bunte Wunde, diese Präzisierung der Organe, diese scharlachrote Unanständigkeit auf einem Körper, der zu einem Wappen geworden ist. Die physiologischen Sperren, die wir eifrig zwischen der «prälogischen» Mentalität und der unsrigen errichtet haben, werden unvermutet durch diese fleischliche Emphatie kurzgeschlossen, der wir nun entwaffnet gegenüberstehen. Es ist, als würde die Körperbemalung über die Verschiedenartigkeit der Kulturen hinweg durch das körperlich Unbewusste kommunizieren, worauf wir hysterisch und mit nackter Angst reagieren.

Was nun ins Spiel kommt, ist die Verbindung zwischen den beiden Polen, die das gesellschaftliche und geistige Leben aller Menschengruppen regeln: Natur und Kultur. Abgesehen von allen ethnischen Spielarten ist der Unterschied zwischen unserem Erleben der Beziehung Natur–Kultur und demjenigen der primitiven Völker im allgemeinen so deutlich, dass man diese beiden Formen einander gegenüberstellen kann. (Es wird inzwischen klargeworden sein, dass wir den gebräuchli-

Seiten 24–25:
Papuas der südlichen Hochebene, Neuguinea.

Für den Tanz geschmückte Hambafrau, Kongo.

chen Begriff von Wildheit oder Primitivität nicht in einem evolutionistischen, das heisst ethnozentrischen Sinn, sondern vielmehr strukturell, ohne Hierarchie der Werte verwenden.) Vereinfacht können wir sagen, dass die grossen zentralistisch, hierarchisch, marktwirtschaftlich orientierten Gesellschaften – vor allem natürlich Industriegesellschaften wie die unsrige – zwischen Natur und Kultur einen Hiatus errichten, der Denken und Fühlen so tief durchdringt, dass er die Form der Verdrängung annimmt. Wir bleiben ideologisch und psychisch unerbittlich dem stolzen kartesischen Gegensatz zwischen Raum und Gedanken treu, zwischen Materie und Geist, Körper und Seele usw., mit allen neurotischen Begleiterscheinungen. Schon in frühester Kindheit zielt die Erziehung darauf ab, die mit dem Körper und seinen Trieben zu direkt verknüpften Affekte mit Methode in Latenz zu versetzen. Freud unterstreicht diesen Gesichtspunkt: «Man muss sich darüber klarsein, in welchem Mass das Gebäude der Zivilisation auf dem Prinzip des Verzichts auf die instinktiven Impulse beruht und in welchem Umfang die Zivilisation die Nichtbefriedigung starker Instinkte postuliert (Unterdrückung, Veränderung oder irgendeinen anderen Mechanismus). Dieser kulturelle Verzicht regiert das weite Gebiet der gesellschaftlichen Beziehungen zwischen den Menschen (...). Sind nicht die meisten Zivilisationen oder Epochen – vielleicht sogar die ganze Menschheit – durch die Bemühungen der Zivilisation ‹neurotisch› geworden?»[42] Die Natur in uns ist durch komplexe Wege (wirtschaftlich, kulturell, seelisch) so auf Distanz gesetzt, dass sie keine unmittelbare Bedrohung mehr darstellt. Sie vermag vielleicht noch über psychosomatische Symptome indirekt zu wirken oder aber sie ist nur eine Abstraktion, die in der ästhetischen Wahrnehmung lebendig wirkt.

Selbstverständlich hat die Natur bei den primitiven Gesellschaften eine ganz andere Bedeutung. Sie ist das, was den gefährdeten Raum des Dorfes oder des Lagerplatzes umgibt: der Wald, der immer wieder das gerodete Land zu überwachsen droht; das wuchernde Dickicht, das von Geistern wimmelt, die man versöhnlich stimmen muss; Beutetiere, die immer auf der Lauer liegen; der Raum des andern also, gegen das man stets seine Existenz verteidigen muss. Der Gegensatz Natur–Kultur ist deshalb ständig spürbar, sichtbar, neuralgisch und überträgt sich ins Innere der Gemeinschaft, die ihre Struktur aufrechterhalten und rigoros behaupten muss, da sonst Auflösung drohte. Er überträgt sich auch auf den Körper der Individuen, denn sie sind hin- und hergerissen zwischen der Animalität, die ihre Ansprüche stellt, und den Zwängen, die die Gemeinschaft auferlegt. So ist es lebenswichtig, den Menschen von dem abzugrenzen, was ihm gleichzeitig fremd und nah ist, von einer gefährlichen physischen Nähe, um ein Wiederversinken oder eine Regression zu verhindern. Diese Bedrohung kann in der Gestalt eines Tieres oder aber eines Menschen wirken, der einer anderen Gruppe angehört. Sie kann aber auch verinnerlicht sein; dann nimmt sie keine bildliche, sondern eine entstellende Form an als Zeichen für den Zerfall der gesellschaftlichen und geistigen Ordnung des Individuums.

Nun sind aber die Gemeinschaften der Wilden kein Staat mit politischem, administrativem und juristischem Zwangsapparat, der von den Individuen losgelöst ist und als Garant der gesellschaftlichen Stabilität Ämter und Aufgaben verteilt. Die symbolische Ordnung ist nicht durch eine unabhängige Instanz gesichert und auch nicht in der abstrakten Form einer Ideologie internalisiert. Sie wird innerhalb der Gruppe in der Gestalt von bildhaften Mythen weitergegeben, die stets deutlich erkennbar heraufbeschworen werden müssen. Diese Ordnung muss demnach das Fleisch eines jeden Individuums als ein Ganzes von Symbolen zeichnen; das Individuum wird dabei von den natürlichen Determinationen abgegrenzt, um seine Zugehörigkeit zur Gemeinschaft zu offenbaren. Darin liegt die erste Funktion von Tätowierung,

Lanzentanz der Männer aus der Hochebene des Mount-Hagen-Gebietes, Neuguinea, beim Sing-Sing-Fest.

Narbenschmuck und Körperbemalung: die Beschwörung der drohenden Natur, das heisst der vernichtenden Unordnung und der psychischen Regression, oder, anders gesagt, die Verdinglichung dieser Formation, indem man sie spürbar aufzeichnet, wozu das körperliche Leiden des Individuums gehört.

So steht dem neurotischen Unbehagen an der Zivilisation, welche die Triebphasen in die Latenz verdrängt, das «psychotische» Feuer der wilden Gemeinschaften gegenüber, welche diese Phasen rituell beleben, als ob der Sieg über das andere niemals errungen worden wäre, als ob ein Wiederholungszwang zu einem periodischen Kampf gegen die inneren und äusseren Dämonen verpflichtete, um sich der Herrschaft zu versichern. Jede Kultur wird durch Verdrängung und Sublimierung der Triebe errichtet; aber das Verdrängte kehrt fatal zurück. Dieses Sichtbar- oder Spürbarwerden vollzieht sich beim zivilisierten Menschen wider Willen, in der Form von neurotischen Symptomen. Bei den primitiven Gesellschaften hingegen wird es hingenommen oder, besser, innerhalb eines rituellen Rahmens halluziniert, indem es bildhaft auf der Haut erscheint.

Die Körperbemalung ist also ein stetes Erinnern an die Ursprünge, in Entsprechung und Übereinstimmung mit den Mythen. In diesem Sinne ruft sie in uns das phantastische Universum der Psychosen wach. Ihre Funktion liegt gerade darin, dasjenige kollektiv und im Klima einer gesellschaftlichen Übereinstimmung zu beleben, das die Psychose in einer Art individuellen Versagens «wild» hervorbringt: natürliche oder seelische Elementarkräfte, die Angst, im andern aufzugehen, Partialtriebe, zerfallene Seelenstruktur, den zerstückelten Körper, die gespaltene Welt, jene Instanzen also, verdrängt von den einen, tabuisiert oder sakralisiert bei den andern, die man mit dem der Psychoanalyse entlehnten Begriff als das «Es»[5] bezeichnet. Daher der Versuch, die Zeichnungen der Haut in psychopathischer Terminologie erscheinen zu lassen. Die Primitiven ritualisieren psychotische Potentiale als Faktoren der gesellschaftlichen Integration; die zivilisierte Gesellschaft schliesst sie aus. In diesem Zusammenhang könnten wir höchstens als Gegenstück die von Antipsychiatern wie Ronald Laing[25] empfohlene «Reise» anführen. Sie bestünde darin, von den primitiven Trieben auszugehen und die geistige Genese zu durchlaufen, um damit eine Kontrolle der Triebe zu ermöglichen. Diese auf das Individuum bezogene therapeutische Technik könnte man mit dem vergleichen, was sich in der wilden Gemeinschaft auf kollektiver Ebene ereignet. Es handelt sich sozusagen um eine geistige bzw. rituelle Hyperbel, die darin besteht, die der Welt innewohnenden Gefahren halluzinatorisch darzustellen, um sie zu beherrschen.

Es ist auch kein Zufall, dass sowohl in der westlichen Vorstellung (hauptsächlich in Neurosen und Psychosen) als auch in den primitiven Mythologien die Wahnvorstellungen und Triebe vorzugsweise Tiergestalt annehmen: Das Tier verkörpert das Mischwesen zwischen dem Unbenennbaren und dem Menschen, zwischen dem unbewusst Anonymen und der Subjektivität; es ist der bevorzugte Signifikant der verdrängten Triebe. Ein menschliches Wesen wird durch den Unterschied zu den anderen Individuen seiner Gruppe definiert. Ein Tier hingegen wird durch seine Zugehörigkeit zu einer Art bestimmt, in Absonderung zu seinen Nachbararten. Durch eine Regression vom Menschlichen zum Tierhaften gelangt man zum anonymen Feld der Triebe, auf welchem sich die Grenzen verwischen, die das eine Ich vom andern trennen. Auf diese Weise lassen sich die häufigen psychischen, sagenhaften oder mythologischen Bezüge zu Tieren erklären. Vogelfedern auf dem Kopf oder am Körper können deshalb als eine Variante der Körperbemalung angesehen werden.

Ein analoges Mittel zur geistigen Migration ist auch die Identifizierung mit einem Tier, die Übernahme seiner Kräfte und das Heraufbeschwören all jener Resonanzen, die es im Unbewussten haben kann.

Diese psychoanalytische Sichtweise widerspricht keineswegs den mythologischen oder religiösen Interpretationen der Hautzeichnungen. Dabei ist zu bedenken, dass im wilden Denken der Bereich des Übernatürlichen derjenige des Tabus, des Heterogenen und des Verbotenen ist. Das Geheiligte entspricht eher demjenigen, was in der westlichen Ideologie dem Schmutz zugeordnet ist, als jenen sublimen Wesen, die unsern Olymp bevölkern.[17] Die unzähligen Mythen, die Claude Lévi-Strauss registriert hat, lassen stets den Einbezug des Übernatürlichen erkennen, das, was die Psychoanalyse als den «primären Prozess» bezeichnet. Deshalb können auch der Zauberer und der Schamane als «professionelle Abreaktoren» angesehen werden: Sie beschwören Mythen herauf, um das kranke Organ psychologisch zu manipulieren, und dies in Fällen, die wir dem Bereich der psychosomatischen Pathologie zuordnen würden.[26]

Gleich dem Psychoanalytiker verhilft der Schamane seinem Patienten zu einer Sprache, um latente Konflikte zu formulieren und sie zu lenken. Handelt es sich dabei um individuelle Mythen, die aus unserer zivilisierten Sicht dem Unbewussten des Kranken zuzuordnen

«Verkleidung» als Mörder. Asarotal, Neuguinea.

wären, oder aber um kollektive Mythen, die wir der religiösen Ebene zuschreiben würden? Im wilden Denken decken sich beide Bereiche.

Wir können deshalb folgerichtig (ohne den Bezügen zum seelisch Unbewussten zu widersprechen) sagen, dass alle rituellen Körperverzierungen, so unterschiedlich ihre Funktionen in den verschiedensten wilden Gemeinschaften auch sein mögen, der übernatürlichen Welt entspringen, den magischen Kräften, die die Wirklichkeit lenken, dem Bezug zu elementaren Kräften und Ursprüngen, die der menschlichen Gesellschaft vorausgingen (so wie sich auch die erste Stufe der Entwicklung unserem rationalistischen Gedankengut entzieht). Die übernatürliche Welt wird in einem räumlich-zeitlich festgelegten Rahmen heraufbeschworen, bei Festen, Riten, Zeremonien, das heisst in einem Zustand der Ausnahme. Die Verzierungen zeremoniellen Charakters sind also zeitgebunden und vergänglich; das gilt insbesondere für die rituell aufgetragenen Körperbemalungen, die durch Teilnahme, Übertragung und Magie das Jenseits heraufbeschwören, mit anderen Worten, durch einen nahen oder symbolischen Bezug zu den mythischen Mächten.

Die Form dieses Bezuges zum Jenseits verwirrt uns, denn sie steht in krassem Gegensatz zu unserer anthropozentrischen Art, das Göttliche zu begreifen. Wir müssen uns hüten, unsere eigene ödipale Mythologie, die Gott der Vater-Imago beiordnet, zu übertragen oder zu verallgemeinern. Wir müssen uns von den anthropologischen, soziologischen oder psychoanalytischen Theorien befreien, die besagen, dass die Götter nach dem Bilde des Menschen als ideale elterliche Ersatzinstanzen ersonnen sind, welche die Individuen vor der feindlichen Natur und der existentiellen Verlassenheit schützen. Diese Theorien mögen ihre Gültigkeit für die indogermanischen Religionen haben, aber sie müssen relativiert und auf die westliche Hemisphäre beschränkt werden. Bei den wilden Gemeinschaften ist das Jenseits das Heterogene, das absolut andere. Was das übernatürliche Wesen auszeichnet, ist sein Unterschied zum Menschen und keineswegs seine Ähnlichkeit

Mann aus dem Mount-Hagen-Gebiet, Neuguinea.

Männer des Warramunga-Stammes, geschmückt für die Totemzeremonien der Schwarzen Schlange, Zentralaustralien.

mit ihm. Dort ist der Mensch nicht nach dem Bilde Gottes geschaffen.

Für diese Heterogenität scheint es eine strukturelle Notwendigkeit zu geben. Die primitiven Gemeinschaften sind, wie schon erwähnt, Gesellschaften ohne Staat. Es sind Gemeinschaften, die sich wachsam vor der Errichtung jedweden Zwangsapparates schützen, und nicht embryonale Zivilisationen, die fehlender Entwicklung wegen keinen Zugang zu unserem Stadium politischer und wirtschaftlicher Komplexität haben.[14] Das Fehlen einer institutionalisierten Instanz, die die Regeln des Kollektivlebens garantiert, zwingt sie, ihre Verankerung und ihr Daseinsrecht in einer übergeordneten Macht zu finden, die ausserhalb der Gesellschaft liegt, in einer Macht, die einmütig anerkannt, aber so beschaffen ist, dass kein Einzelner und a fortiori keine Gruppe einen Anspruch auf deren Kontrolle erheben kann. Es geht um die Existenz der Gemeinschaft, wenn ihr konstitutives Prinzip ausserhalb von ihr liegt. Auf diese Weise nur wird es von allen respektiert, und kein Mitglied beansprucht für sich deren Repräsentation. Diese Trennung zwischen dem übernatürlichen Herd der gesellschaftlichen Organisation und der Gesellschaft selbst bewirkt, dass jede profane Machtausübung verhindert wird, die den Keim zu einem Staatengebilde schaffen würde.[20]

Deshalb muss die Körperbemalung, die rituell die Verbindung zu dem heterogenen Jenseits herstellt, den Menschen sich selbst ungleich machen. Sie muss ihm diese «Reise» erleichtern, das heisst das Unmenschlich-Werden, das Tier-Werden, das Anders-Werden. Sie trägt dazu bei, ein heiliges Entsetzen hervorzurufen. Deshalb hat auch der Schrecken, der in der rassistischen, westlichen Vorstellungswelt der Gesichtsbemalung der Wilden zugeordnet ist, einen tieferen Sinn: Die Hautverzierung muss entmenschlichen, entpersönlichen, entstellen, das Gesicht nehmen, die natürliche Form überschreiten, jede vertraute Identifizierung auslöschen. Deshalb gebraucht sie antinatürliche Elemente, wie Gerade, Dreieck und Kreis, starre geometrische Figuren also, die mit der Geschmeidigkeit der physiognomischen Züge, mit der Elastizität des Fleisches und den organischen Kurven der Muskeln einen auffälligen Kontrast bilden. Das Verfahren, das die Natur am meisten verletzt, ist dasjenige der Verdoppelung und der Dissymmetrie. Auch die Farben sind unnatürlich, schreiend und kontrastreich. Die nicht-figurativen Motive überwiegen bei weitem, es sei denn, sie nähmen Bezug auf Tiere - aber auch dies in sehr schematischer Form. Im Gegensatz zu den dauerhafteren Zeichnungen, wie Tätowierungen und Narbenschmuck, nähert sich die Körper-

Xikrin-Kayapo-Indianerin, Zentralbrasilien.

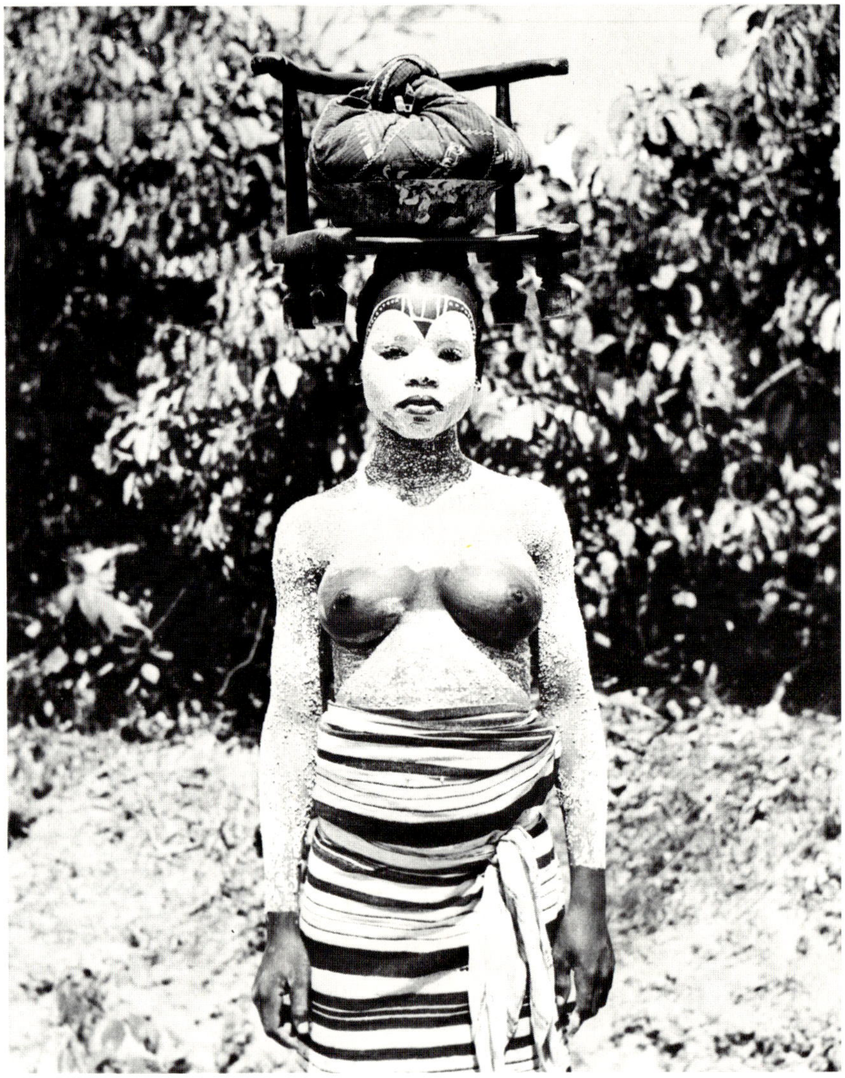

◁ *Junge Initiandin, deren Körper mit Kaolin bemalt ist. Elfenbeinküste.*

▷ *Körperbemalungen zur Aufhebung eines Verbotes. Australien.*

bemalung der rituellen Maske, deren Strategie der Entmenschlichung sie vorwegnimmt oder weiterführt. So ersetzt die Gesichts- und Schädelbemalung bei den Kissi (Guinea), die kein Holz schnitzen, die Maske und übernimmt bei rituellen Festen und Zeremonien deren Funktion.

Bisher war nur von der eigentlichen Körperbemalung die Rede, das heisst von einer zwangsläufig vergänglichen Verzierung, die spezielle Anlässe, wie die Aufhebung eines Verbotes, Hochzeit, Trauer oder Jagdzeremonie, begleitet. Die Körperbemalung dient bei Ritus und Tanz als Schmuck, sie feiert ein Ereignis, markiert im täglichen Leben einen Hiatus. Sie kündet auch den Zugang zum verbotenen Bereich oder Tabu der Mächte des Jenseits an. Summarisch gesehen würde sie in allen primitiven Gemeinschaften den magischen und übernatürlichen Pol des wilden Denkens darstellen. (Vielleicht ist diese Verallgemeinerung falsch, weil wir nicht genügend berücksichtigen, dass die Körperbemalung auch ästhetischen oder dekorativen

Bemalung für die Zeremonie der Klitoridektomie, Elfenbeinküste.

Bedürfnissen gehorcht; man müsste sich dann aber fragen, ob diese Ästhetik nicht die degradierte Form einer früheren religiösen Praxis sei.) An den andern Pol, denjenigen der gesellschaftlichen Organisation und damit der institutionellen Permanenz, müsste man die dauerhafteren und unauslöschbaren Körperzeichnungen, wie Tätowierung und Narbenschmuck, setzen.

Die Tätowierung besteht darin, dass man dunkle Farbpunkte unter die Haut bringt, zum Beispiel Russ oder Kohlenschwärze, die mit Nussöl oder Fichtenharz vermischt werden. Sind diese Punktierungen dicht genug, so können lineare Muster oder auch Effekte eines Abdruckes erzielt werden. Das Einbringen von Farbe unter die Haut geschieht durch Einstiche mit spitzen Pfriemen oder kammartigen Geräten aus Knochen oder Elfenbein, deren Zähne mit Farbstoff bestrichen sind. Nachdem man das Gerät auf die gewünschte

◁▷ *Narbenzeichnung bei den Nuba von Kau, Kongo.*

Stelle des Körpers gelegt hat, schlägt man es mit einem Holzhammer hinein. Der Kamm kann bis zwanzig Zähne zählen oder ein einfaches Fischgratmuster haben. Die Eskimos bedienen sich einer Nadel und eines mit Russ geschwärzten Fadens und zeichnen damit das gewünschte Muster unter die Haut. Man kann auch, wie in Neuseeland, die Haut mit einer Klinge aufschneiden; so wird die eigentliche Tätowierung noch durch eine Narbenzeichnung verstärkt, die ihr Relief verleiht. Es ist manchmal Sitte – so bei den Papua –, das Verfahren einen Monat später zu wiederholen; die Striche werden nachgezogen, um die Zeichnung zu verdeutlichen. Vielleicht ist der Begriff der Tätowierung (oder Tatauierung) eine lautmalerische Wiedergabe des Hammerschlages auf den Pfriem; vielleicht kommt er auch vom tahitischen «tatou», das «verwunden» bedeutet; jedenfalls wurde er von Kapitän Cook in Europa eingeführt, der im

Juli 1769 über die Eingeborenen Tahitis in sein Tagebuch schreibt: «Männer und Frauen kämmen sich den Körper, was in ihrer Sprache ‹tatou› heisst. Dies geschieht durch Injektion einer schwarzen Farbe unter die Haut, und zwar so, dass eine unauslöschliche Spur entsteht. Die Tätowierungen zeigen manchmal grobe Silhouetten von Menschen, Vögeln und Hunden. Die Tätowierungen der Frauen sind im allgemeinen einfache ‹Z› auf jedem Hand- und Fussgelenk. Die Männer haben manchmal dieselben Muster, aber auch Kreise und Halbmonde auf Armen und Beinen. Kurz und gut, es gibt eine solche Vielfalt an

Hori-Bun, japanischer Tätoweur, bei der Arbeit.

Tätowierung bei dem Volk der Iban.
Sarawak, Borneo.

Mustern, dass ihre Zahl und ihr Platz ausschliesslich von der Phantasie jeder einzelnen Person abzuhängen scheinen. Bei allen tätowierten Eingeborenen ist das Hinterteil schwarz. Darüber haben die meisten Bögen, die bis zu den ersten Rippen übereinander verlaufen. Diese Bögen scheinen für sie der Anlass zu ausserordentlichem Stolz zu sein, denn die Männer und Frauen zeigen sie mit grossem Vergnügen.»[2] Die Operation ist blutig, und das Blut muss immer wieder gestillt werden. Wenn die Haut vernarbt und die Kruste abgefallen ist, erscheint das gezeichnete Muster.

«Pakipaki», Maori-Schrumpfkopf, Neuseeland.

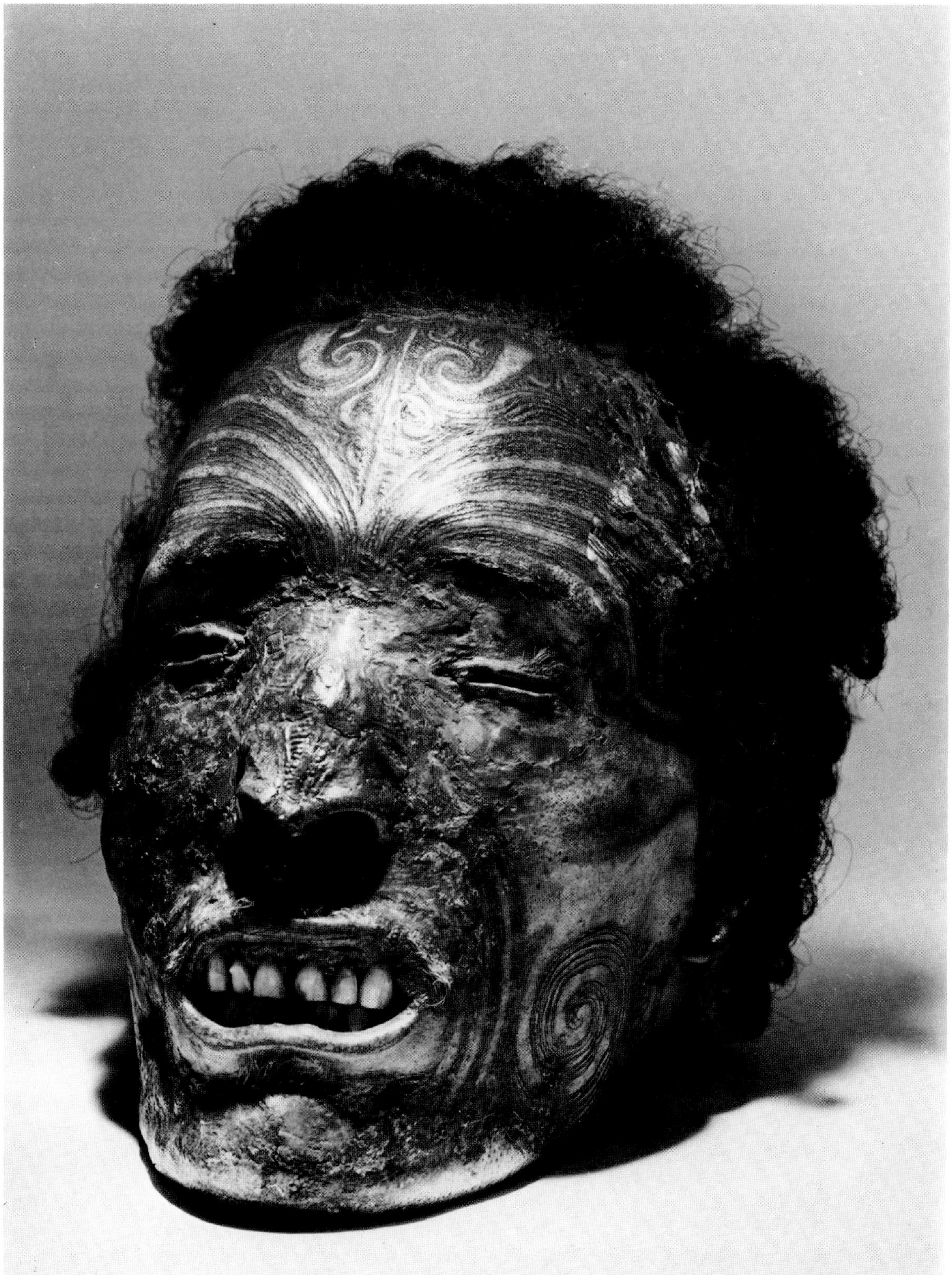

Nuku-Hiva-Eingeborener, Marquesasinseln, Gemälde von H. Ainsworth, Anfang 19. Jh.

Im allgemeinen werden die Tätowierungen von eigens dazu ausgebildeten Künstlern ausgeführt, die anfänglich Elfenbein, Holz oder Stein bearbeiteten und sich erst nach einer langen Lehre der Menschenhaut zuwenden. Die Operation hat fast immer rituellen Charakter. Der Ausführende, seine Gehilfen und die Patienten unterliegen dabei einem strengen sexuellen Verbot. Höchste Verfeinerung und grösste Komplexität der Tätowierung wird auf den Marquesainseln erreicht. Auch diese ist einem strengen Zeremoniell unterworfen, dem die ganze Gemeinschaft beiwohnt. Meistens bedeckt sie den ganzen Körper. Dr. Clavel spricht von einem Häuptling, der sich damit brüstete, dass jeder sichtbare Teil seines Körpers tätowiert sei, auch Zunge, Zahnfleisch, Gaumen und Genitalien.

Saturiba, Häuptling eines nicht-identifizierten Stammes aus dem 16. Jh., Ostflorida, Stich von Théodore de Bry, 1590, nach einer Skizze von Jacques Le Moyne von 1564.

Meist jedoch wird die Tätowierung bevorzugt auf den Gliedmassen angebracht, die mit den Dingen oder mit dem Boden in Berührung kommen (Hände und Füsse), und auf Öffnungen des Körpers, durch die die Aussenwelt mit der Innenwelt kommuniziert (hauptsächlich im Gesicht).

Ziernarben und Tätowierung haben die gleiche Funktion. Ihre Verteilung nach Kontinenten (die Tätowierung überwiegt in Amerika, Asien und Ozeanien, die Ziernarbe in Afrika) gehorcht jedoch der natürlichen Ursache der Pigmentierung. Je heller die Haut, um so deutlicher die Tätowierung. Sie findet sich also eher bei weissen oder weniger farbigen Rassen. Die Schwarzen tragen eher Narbenschmuck, das heisst Hauteinschnitte, deren Narben typische Muster hinterlassen.

Eingeborener aus dem britischen Kolonialreich. Stich von De Bry, nach einer Zeichnung von John White, aktiv 1585–1593.

Prinz Giolo oder Jeoly, tätowierter Eingeborener, Westpazifik, von William Dampier 1691 nach London gebracht. Stich von 1692.

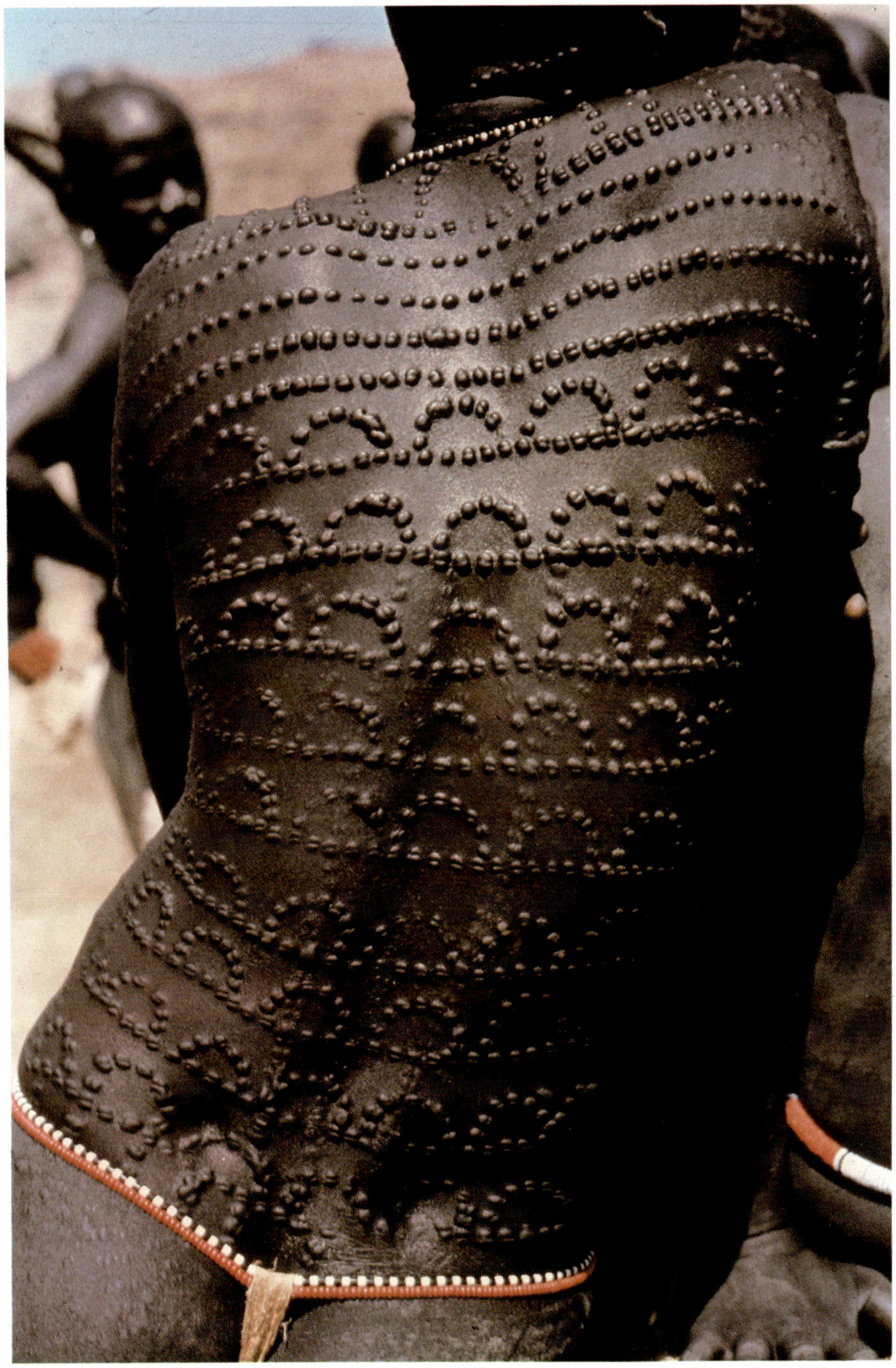

Weiblicher Rücken mit Narbenschmuck. Nuba von Kau, Sudan.

Bei der Operation wird die Zeichnung zuerst auf der Hautoberfläche entworfen; danach wird ein Pfriem entlang dem Strich unter die Epidermis geführt, der die Haut hochzieht. Die nötige Länge wird mit einem Rasiermesser oder einem spitzen Stein abgeschnitten. Die Narben bilden ein Relief oder Vertiefungen oder beides abwechselnd. Auch der Narbenschmuck weist ein breites Spektrum an Mustern auf, die von Punktierung zu komplexen Zeichensystemen reichen.

Verallgemeinernd könnte man sagen, dass die Körperbemalungen einerseits, Tätowierung und Ziernarben andrerseits mehr oder weniger mit Sozialisierung oder Kultivierung einhergehen. Die vergänglichen Körperbemalungen erscheinen bei Zeremonien ritueller Tabuüberschreitung. Sie wecken das Verbotene, das Bewusstsein des Unreinen in einem streng vorgegebenen Rahmen; man will ihrer Herr werden, doch es gelingt nie. In unserer psychopathologischen Terminologie könnte man sie dem halluzinatorischen Universum der Psychose zuordnen. Im Gegensatz dazu sind Tätowierung und Ziernarbe durch ihren unauslöschlichen Charakter dazu berufen, auf dem Körper das Kennzeichen des Gesellschaftlichen, der Kultur, der Institution einzutragen; sie erscheinen folglich als das, was man als sekundären Prozess oder als symbolische Ordnung bezeichnen könnte. Tatsächlich sind sie selbst Riten, die in die Nähe der Beschneidung oder der Ausschneidung gehören, deren gesellschaftliche Wirkung sie gewissermassen auf andere Körperregionen ausweiten. Ihre Funktion deckt sich teilweise mit derjenigen der Initiation. Sie erfüllen ein Gebot in der Forderung, den Körper der kindlichen Verschmelzung zu entreissen und ihn der Gesellschaft zu überantworten. In dieser Hinsicht könnte man die Zeichnung des Körpers mit einer Münzprägung vergleichen, die das Metall in Umlauf bringt und in Kurs kommen lässt; uns steht es dann frei, ihm sekundär als Sammler einen ästhetischen Wert beizumessen, auch wenn die Münze nicht mehr im Kurs steht.

Der Wille, den Körper der ursprünglichen Verschmelzung zu entreissen, ist lebensnotwendig. Die Mitglieder der primitiven Gemeinschaften leben einerseits in problematischer Nähe zur Natur und andrerseits in intimem Kontakt zur Mutter (das Stillen kann sich über mehrere Jahre erstrecken, die Kinder werden am Körper getragen, man schläft bei ihnen usw.). Es ist deshalb wichtig, diesen engen Bezug durch die Initiation rituell abzubrechen; dies wird auf dem Körper, genauer auf den Genitalien, verzeichnet. Die Beschneidung beim Mann (oft – wie in Ozeanien – mit dem Einschnitt des Ganges verbunden) und die Klitoridektomie oder Labiotomie bei den Mädchen sollen das Inzestverbot und den Übergang zum Erwachsenenalter fleischlich und schmerzlich spüren lassen. Auf diese Art schreibt man die ersten Signifikanten der gesellschaftlichen Satzungen auf den Körper.[6] Die Initiation findet immer im Wald statt, als ob es darum ginge, in einem letzten Erinnern den Übergang von der Natur zur Kultur zu beschleunigen und zu dramatisieren. Es ist eine *Übergangszeit* im wahrsten Sinne des Begriffes, in deren Verlauf der Jüngling seiner kindlichen Lebensweise und dem weiblichen Kontakt entrissen wird, bevor er als vollwertiges Mitglied in die Gemeinschaft der Erwachsenen aufgenommen wird. Tätowierung und Ziernarben werden in den meisten Fällen bei der Initiation als Zeichen gesellschaftlicher Zugehörigkeit und Solidarität ausgeführt; sie sind eine Art spürbare und sichtbare Weiterführung der Beschneidung und der Ausschneidung. Dass diese Praktiken ursprünglich kein ästhetisches Ziel verfolgten, sondern den Charakter einer Probe hatten, wird klar durch die erste Bedeutung der Körperzeichnung: eine «bei lebendigem Leibe» vollzogene Akkulturation!

In allen Stammesgemeinschaften ist das Zeichensetzen der Anlass zu einer rituellen Manifestation, welche die Gemeinschaft vereint. Wie die Beschneidung ist sie eine Prüfung. Sie soll demjenigen, der sich ihr unterzieht, erlauben, seine Fähigkeiten darzulegen

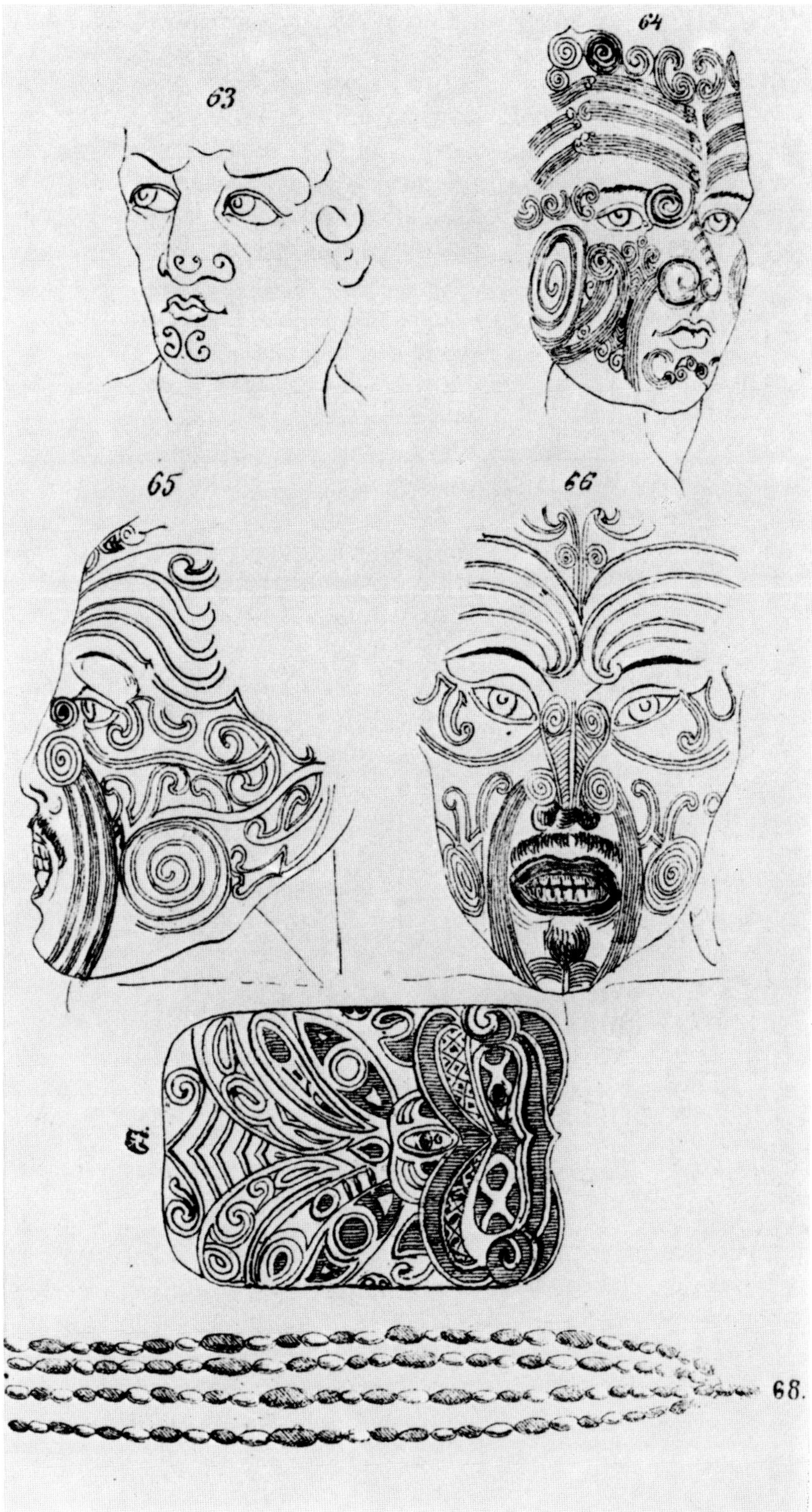

Vier tätowierte Gesichter mit Signatur und Wampum oder Muschelkette. Neuseeland, Anfang 19. Jh.

◁ *Junge Mandanindianer bei der Folter.*
Norddakota, Nordamerika.
Farblithographie von George Catlin, 1867.

▷ *Mató-Tópe (Vier Bären), Mandanhäuptling,*
Nordamerika.
Aquarell von Karl Bodmer, 1834.

▽ *Folter mit Büffelschädeln*
bei den Cheyenneindianern, Dakota, Nordamerika.

und seinen bis dato geltenden Zustand mangelnder Persönlichkeit abzulegen, um gleichzeitig als soziales Individuum aufgenommen zu werden. Die Körperzeichnung ist häufig mit einem Namenswechsel verbunden. Sie ist eine Art Taufe, die eine neue Identität beglaubigt. Deshalb müssen dieser symbolische Tod und die Wiedergeburt geistig und gefühlsmässig intensiv als Schmerz empfunden werden. Das Fleisch des Körpers «empfängt» mit dem Gesetzestext diesen Zutritt zur Gesellschaft.[14] Bei den Mandanindianern zum Beispiel ist die Ziernarbe nur eine Modalität der schrecklichen Torturen, die den Initiationsakt ausmachen: «Der Medizinmann hob zwischen den Fingern ca. zwei Zentimeter Fleisch in die Höhe und durchstach es mehrere Male mit seinem Skalpiermesser. Dieses Messer war schartig, damit die Operation schmerzhafter wurde (...); dann näherten sich die Henker und untersuchten den Körper ge-

wissenhaft, der, um die Qual zu beenden, tot, das heisst ohnmächtig sein musste».[13] Bei gewissen afrikanischen Stämmen wird die Trommel gerührt, um die Schreie der Initianden zu übertönen. Aber meistens ist der Betroffene bemüht, sich der Preisgabe seiner Schmerzen zu enthalten, um nicht den Zorn der Geister heraufzubeschwören. So stellen auf den Tangainseln in Melanesien die Anhänger des Geheimbundes Sokapana ihre langen symmetrischen, mit krummen Dornen auf dem Rücken beigebrachten Schmisse stolz zur Schau, als Markierungen der «Zähne des Geistes», der sie aufschlitzte, bevor er sie verschlang.[3] Man ist versucht, diese rituellen Torturen als eine Neuauflage und Erweiterung dessen zu interpretieren, was möglicherweise am Beginn der Körperzeichnung stand: der Stolz des Jägers oder des Kriegers auf eine Verwundung, die sichtbares und greifbares Zeichen seines Mutes war. Unter systematischer Umkehr von Ursache und Wirkung zum Signifikanten eines symbolischen oder magischen Kodexes erhoben, wurde die Verletzung später vielleicht rituell wie eine gesellschaftliche Bestätigung der Männlichkeit vollzogen. Sind nicht Tätowierung und Narbenschmuck bereits Zeichen des Mutes, da doch die Schmerzen still ertragen werden? Diese Hypothese scheint durch die Sioux bestätigt, die eine Kampfeswunde mit einem roten Kreis auf der Haut umranden. Bei anderen Indianerstämmen Nordamerikas zeigen Federn durch Zahl, Farbe und Verzierung in einem ganz bestimmten Kodex die Heldentaten ihrer Träger an. Die Eskimos tätowieren sich die Schwanzflossen der von ihnen erlegten Wale auf die Stirn.

Mehkskéhme-Sukáhs (Eisenhemd). Häuptling der Schwarzfussindianer, Nordamerika. Aquarell von Karl Bodmer, 1833.

142

Xingu-Indianer bei der Bemalung, Brasilien.

Was am Anfang der Körperzeichnung steht, ordnet sich in ein komplexes symbolisches System ein. Allen Ethnien ist die allgemeingültige Funktion des Entreissens des Individuums aus einem Zustand der Abhängigkeit, der Undifferenziertheit und der gesellschaftlichen Nichtexistenz eigen. Die Hautzeichnung zeigt stets die Instanz der Kultur, des gesellschaftlichen Erkennens und der symbolischen Ordnung an, als Abgrenzung gegen den regressiven und vernichtenden Zustand der früheren Unbestimmtheit. Die Aussage der Caduveo-Indianer gilt zweifellos für alle primitiven Gemeinschaften: «Ein unbemalter Körper ist ein blöder Körper.» Nur gezeichnet ist man ein Mann.[26] Nichts anderes sagen die Bafia aus Kamerun: «Ein Mann ohne Narbenschmuck gleicht einem Schwein oder einem Schimpansen.»[3] Der Mensch sucht zuerst die Natur in sich selbst zu bewältigen, indem er die biologischen Unterschiede hervorhebt, die körperlichen Mutationen vorwegnimmt, kurz, indem er seine Anatomie «kulturalisiert». So muss der «nackte Affe» seinem eigenen Körper gegenüberstehen. Im wilden Denken findet die Klassifizierung, das heisst die Gegennatur, ihren natürlichen Ausdruck in den beiden Unterscheidungstypen, die ihr physiologisch gegeben sind: im Geschlecht und im Alter. Deshalb taucht die körperliche Kennzeichnung, neben der Exzision, immer dann auf, wenn symbolisch einem Naturereignis Gesetzeskraft zu verleihen ist: bei Geburt, Pubertät, Mutterschaft, Übergang in den Rang der Alten usw. Gemäss derselben Logik muss die Körperzeichnung den Mann von dem unterscheiden, was nicht er selbst ist, und primär von dem, was unmittelbar an ihn grenzt: die Tiere oder die Menschen, die nicht seinem Clan angehören, und innerhalb der Gruppe die Individuen des andern Geschlechts oder einer anderen Altersstufe usw.

In jeder Gesellschaft – auch in der unsrigen – wird das Individuum dazu gebracht, seinen gesellschaftlichen Standort zu verdeutlichen, wie Alter, Geschlecht usw. Dies hat seinen Ausdruck in der Kleidung, im Schmuck, in Verhaltens- und Redeweisen. Worin mag der Grund für die unauslöschbaren Hautzeichnungen der primitiven Gemeinschaften liegen? Diese Gesellschaften sind, wie schon gezeigt wurde, durch die fehlende staatliche Instanz, durch das Fehlen der Schrift und durch eine Subsistenzwirtschaft gekennzeichnet. Dies bedeutet, dass die Rolle des Produzenten wenig differenziert ist. Es gibt keine eigentliche Arbeitsteilung in Ermangelung eines Marktes, der sie regulierte (abgesehen von der natürlichen Arbeitsteilung, die auf dem Unterschied der Geschlechter beruht). Auch wenn kein politisch-wirtschaftlicher Apparat die Stellung des Individuums funktionell umreisst, ist sie doch nicht unbestimmt: Sie drückt verwandtschaftliche Verflechtungen, Position innerhalb der Familie usw. und Beziehungen aus, die dem Geschlecht, dem Alter und der Anciennität entsprechen. Die Folge davon ist, dass die Individuen nicht aufgrund eines kodifizierten politökonomischen Systems austauschbar sind, sondern dass sich das System den soziofamiliären Konstellationen beugt, die auf der unauswechselbaren Identität eines jeden Mitgliedes beruhen. Darin liegt die Erklärung, dass jedes Individuum *endgültig* in seinem Fleisch gezeichnet wird. Dies geschieht nach Identitätskriterien, die je nach Gemeinschaft variieren, die aber dennoch für immer ihre Gültigkeit bewahren. Diese Kennzeichnung nimmt die positive Bedeutung einer gesellschaftlichen Zugehörigkeit an, was im Gegensatz zur staatlichen produktivistischen Konkurrenzgesellschaft und der Austauschbarkeit des Einzelnen steht, wo die Markierung die Bedeutung des Ausgeschlossenseins annimmt, von dem noch die Rede sein wird.

Die Ethnologen anerkennen einmütig, dass das Verwandtschaftssystem, welches Exogamie und Filiation regelt, die grundlegende soziale Struktur bildet. Ohne dieses System würde die Gemeinschaft zerfallen. Deshalb unterliegt es einem strengen Formalismus, dem sich niemand entziehen darf.

Nuba von Kau, Sudan.

Gegenseitige Bemalung der Xikrin-Kayapo-Indianerinnen, Zentralbrasilien.

Dieser Kodex ist natürlich nicht schriftlich, sondern bildlich in Form symbolischer Schriftzeichen fixiert, die wir bewundern, ohne zu ahnen, dass sie das konkretisieren, was Lévi-Strauss die «elementaren Strukturen der Verwandtschaft» nannte. Weil Kontrollinstanz und Personenstand getrennt sind, muss die Verteilung der gesellschaftlichen Rollen, der Macht der Geschlechter usw. endgültig auf die Haut «geschrieben» sein. Exzision genügt nicht. Man muss auch bemalt, tätowiert und narbengezeichnet sein, um sexuelle Beziehungen unterhalten zu dürfen. Bei den Kabres vom Kongo erhalten die Jünglinge ihren ersten Narbenschmuck bei der Initiation; dann werden sie periodisch weiteren Narbenzeichnungen unterzogen, bis sie als vollwertige Mitglieder in die Gruppe aufgenommen werden. Bei den Kayapo-Indianern in Brasilien bemalen sich die Frauen dreimal im Jahr gegenseitig Gesicht und Körper. Diese Frauen sind verheiratet oder heiratsfähig, mit oder ohne Kinder; Witwen und betagte Frauen sind ausgenommen. Die geschickt aufgetragenen linearen oder longitudinalen Muster mit stark ästhetischer und erotischer Wirkung scheinen Altersstufe und gesellschaftliche Stellung auszudrücken. Auch ohne figürlich zu sein, beschwören sie symbolisch verschiedene Tiere mythischen Ursprungs herauf.[19]

Wie auch immer sich bildnerischer Ausdruck und Erfindungsreichtum der Körperzeichnungen dem Auge eines westlichen Betrachters darstellen mögen, sie haben nichts mit «Kunst um der Kunst willen» zu tun. Die Körperzeichnung setzt sicher die ästhetische Billigung seitens des Betrachters voraus; anders wäre die ausserordentliche Phantasie der Nuba zum Beispiel nicht zu erklären, die, angeregt durch die Fotoreporter, immer neue formale Einfälle hervorbringt.[31] Meist müssen die Körperbemalungen nach einigen Tagen erneuert werden, und fast überall ist diese Erneuerung der Vorwand zur Improvisation. Berühmt für ihre künstlerischen Leistungen und ihren ständig sich erneuernden Motiv-

Weiss eingeriebener Aborigines, Australien.

Mit Ocker eingeriebener junger Massaikrieger, Kenia/Tansania.

kreis sind die Frauen der Xikrin am Amazonas. Die ästhetische Funktion verselbständigt sich jedoch nie, denn die Wachsamkeit der Älteren erinnert die Ausführenden nötigenfalls an ihre Rolle und die zu befolgende «Grammatik». Auch die erfindungsreichsten formalen Variationen vermögen nicht die Einheit und die Regeln der gegebenen Grundmotive zu übertreten, da sie eine Erkennungsfunktion haben. Hat man deswegen aber das Recht, einen allgemeinen Kodex dieser Muster aufzustellen, die sich tatsächlich in den geographisch und kulturell entferntesten Gemeinschaften finden? Es gibt zweifellos natürliche Determinationen, die zum Beispiel gewissen Farben transkulturelle Bedeutung

Hochreliefs von Tene Waitere, die zwei Maorihäuptlinge und eine adlige Frau darstellen, 1899. Holz (Podocarpus totara).

Mandantänzer, Nacht und Tag darstellend, Norddakota, Nordamerika. Farblithographie von George Catlin, 1867.

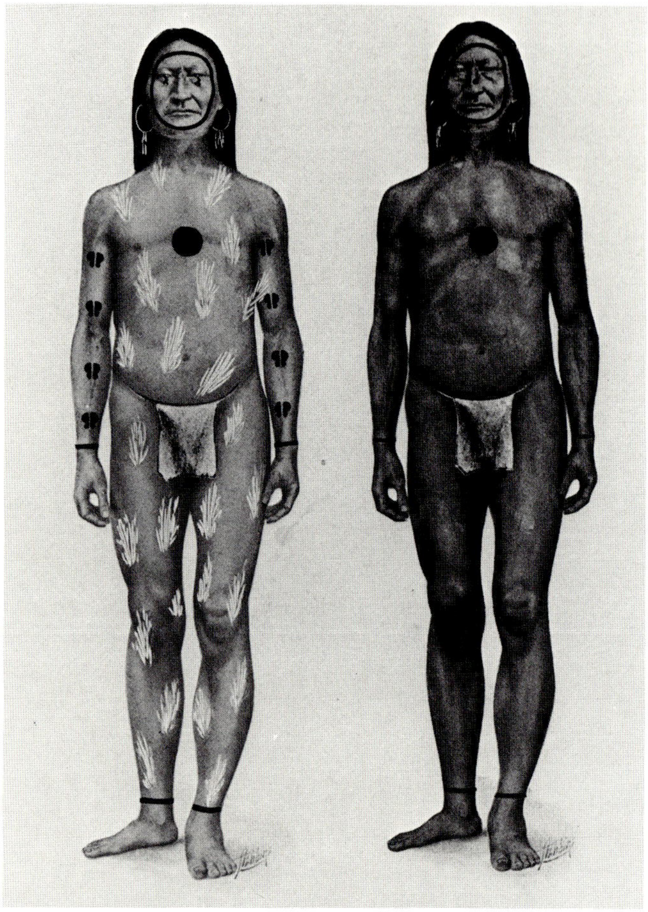

Körperbemalung der Arapaho-Indianer Nordamerikas.

verleihen. Wir sahen die universelle und tausendjährige Bedeutung des roten Ockers, der fruchtbaren Erde entzogen, Farbe des Blutes, Symbol der Lebensenergie und der Fruchtbarkeit. Die weisse Farbe hingegen, der unfruchtbaren Erde entnommener Tonstaub, wird im allgemeinen mit der Trauer oder der Läuterung in Beziehung gebracht. Schwarz beschwört die drohende Nacht und das ursprüngliche Chaos herauf und ist das Zeichen der Unreinheit. In Afrika malen sich die zur Initiation Geführten den Körper oft schwarz an, als ob sie damit das Nichts symbolisierten, dem sie bald entkommen würden. Auch gewisse graphische Muster zeigen mehr oder weniger direkte Bezüge. Bei den Arapaho-Indianern der nordamerikanischen Ebenen bedeutet ein auf die Stirn gemalter Halbkreis zum Beispiel Schnelligkeit – Symbol für die Himmelswölbung, der die Blitze entschiessen, oder für den Abdruck des Pferdehufes. Die Moqui-Indianer aus dem südlichen Teil Nordamerikas bemalen sich das Gesicht mit senkrechten Linien, um den Regen zu erbitten, oder mit schrägen Linien für die Änderung der Windrichtung.

Es wäre falsch, mit diesen wenigen Beispielen naturalistischer Bezüge willkürlich Hypothesen aufzustellen, denn sie sind vielleicht doch nur die projizierten Illusionen des Be-

trachters. Durch Funktion und Aussehen sind die Körperbemalungen mit den Masken verwandt, die sie in gewissen Fällen ersetzen. Deshalb können sie formal nach Lévi-Strauss' Analysen der rituellen Masken beurteilt werden. Doch auch diese geben, genausowenig wie die Mythen, ihren Schlüssel zur Verständlichkeit preis. Sie müssen sowohl in ihr eigenes soziokulturelles System als auch in das allgemeine System soziokultureller Strukturen eingeordnet werden. Wie die Phoneme in der Sprache, werden sie ausschliesslich durch ihre gegenseitigen Unterschiede von Bedeutung, und ihr kombinatorischer Vergleich ermöglicht sich nur im Gegenüberstellen mit Systemen, die ihnen benachbart sind. Deshalb kann man sie nicht deuten, es sei denn, man hätte vorher den Corpus aller Gemeinschaften aufgestellt. Erst dann könnte man die Umwandlung des einen formalen Typs in den andern bestimmen, wie Lévi-Strauss dies bei den Mythen aufgezeigt hat.

Dieser formalistische, differentielle oder «diakritische» Charakter sollte uns davon abhalten, eine unmittelbare Bedeutung oder eine bildliche Erklärung der verwendeten Farben und Muster zu suchen. Um so mehr als die «wilde» Körperbemalung im allgemeinen die Funktion hat, den Menschen in ein unbekanntes Jenseits zu führen, welches nach Formen verlangt, die möglichst weit von der irdischen Wirklichkeit entfernt sind. Ähnlich den totemistischen Systemen müssen die Bildzeichen als Kodizes betrachtet werden, die prinzipiell von jedem empirischen Bezug frei sind. Folglich sind sie geeignet, in ihr eigenes System die Bedeutungen anderer Kodizes aufzunehmen. Und so werden die Erklärungen, die auf naturalistischen Metaphern oder universellen Archetypen beruhen, unweigerlich dadurch dementiert, dass sich die Bedeutung von einer Gemeinschaft zur anderen umkehren kann. Man muss sich diesem integralen Formalismus ergeben, der sich ohne figürliches Alibi auch als solcher in fast allen Körperbemalungen zeigt.

Dieses Prinzip der Umwandlung, das von

Moko-Tätowierung für Dokumentenstempel, Neuseeland.

einer Kulturgemeinschaft zur andern die Bedeutung der graphischen oder chromatischen Elemente ändert, hat dennoch eine bemerkenswerte Ausnahme, die Lévi-Strauss erklärt hat und die, wie wir noch sehen werden, direkt die Körperbemalung betrifft.[26] Ethnologen wie Kunsthistoriker rätselten über die Kontinuität gewisser formaler Elemente, die sich sowohl in der Hüttenmalerei der amerikanischen Indianer als auch auf archaischen chinesischen Vasen finden liessen, ohne dass man diese Gleichartigkeit durch gegenseitige Einflüsse hätte erklären können. Es handelt sich dabei um das Symmetrieprinzip der Kompositionen, die partielle Asymmetrien enthalten, und vor allem um die Darstellung eines Körpers durch ein «Doppelbildnis», genauer durch zwei Profile. Nach Lévi-Strauss kann diese transkulturelle Konstante, die Zeit und Raum kurzschliesst, nur durch eine natürliche Determinante erklärt werden, und zwar durch die einzige, die allen Kulturen gemeinsam ist: die Morphologie des menschlichen Körpers. Diese träte nicht als ein ikonographisches Motiv innerhalb der Darstellung auf, sondern als grundlegende Struktur der Komposition, für die sie in gewissem Sinne der Träger oder die Anatomie ist. Es ist, als hätten die Künstler der verschiedenen Kulturkreise auf die Hüttenwand, auf die Vase oder aber auf jeden anderen Träger eine Komposition aufgetragen, die ursprünglich als Gesichts- oder Körperverzierung gedacht war. Sie hätten also einem Problem gegenübergestanden, das mit der Übertragung der Geographie des Erdballs auf einen Atlas vergleichbar ist. Der Künstler, der auf einer ebenen Fläche malen muss, geht unbewusst auch weiterhin so vor, als ob er ein Gesicht bemalte, und ruft so ein Spiel von physiognomisch beunruhigenden Anamorphosen hervor. Darin liegt möglicherweise auch der Grund für die Seltenheit der Darstellung des Menschen, vergleicht man mit den häufigen Tiergestalten, insbesondere in der vorgeschichtlichen Kunst: Das menschliche Wesen ist paradoxerweise der einzige Gegenstand, den der Künstler nicht berücksichtigen muss, denn sein Körper stellt bereits den ursprünglichen Bildträger dar. Wenn die Komposition auf eine ebene Fläche übertragen wird, bleiben deshalb die anatomische Symmetrie, die Augen, der Mund, die allgemeine Morphologie also, als Motive bestehen, obwohl sie nun mit inbegriffen sind, und sie bewahren in jeder Komposition ihre strukturierende Funktion. Auf diese Weise könnte man die formalen Übereinstimmungen erklären, die allen Gemeinschaften eigen sind, die Tätowierung und Körperbemalung praktizieren (in besonderem Masse der vorgeschichtlichen Gesellschaft), ohne auf esoterische Theorien wie Archetypen oder auf unwahrscheinliche Kontakte zwischen antipodischen Kulturen zurückgreifen zu müssen. Und diese Erklärung, die unbestreitbar erscheint, setzt voraus, dass *die Körperverzierung allen anderen Formen plastischer Darstellung vorausgeht*.

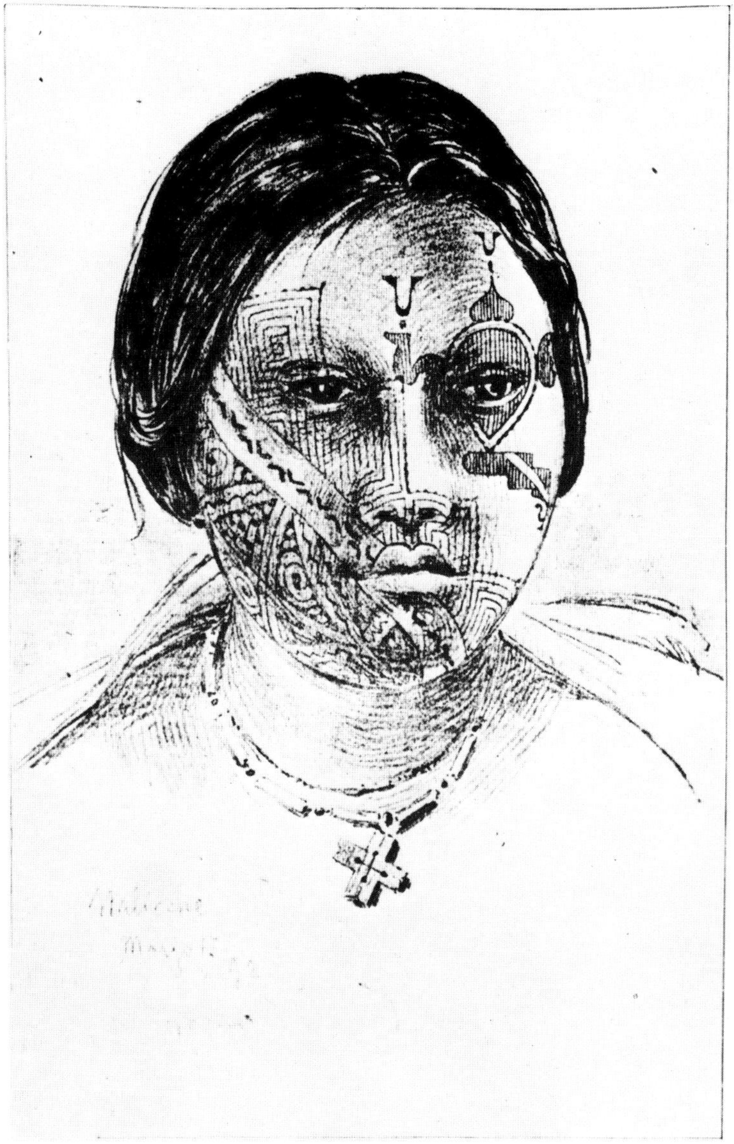

Tätowierte Caduveo-Frau, Brasilien, 1895. Stich nach Boggiani.

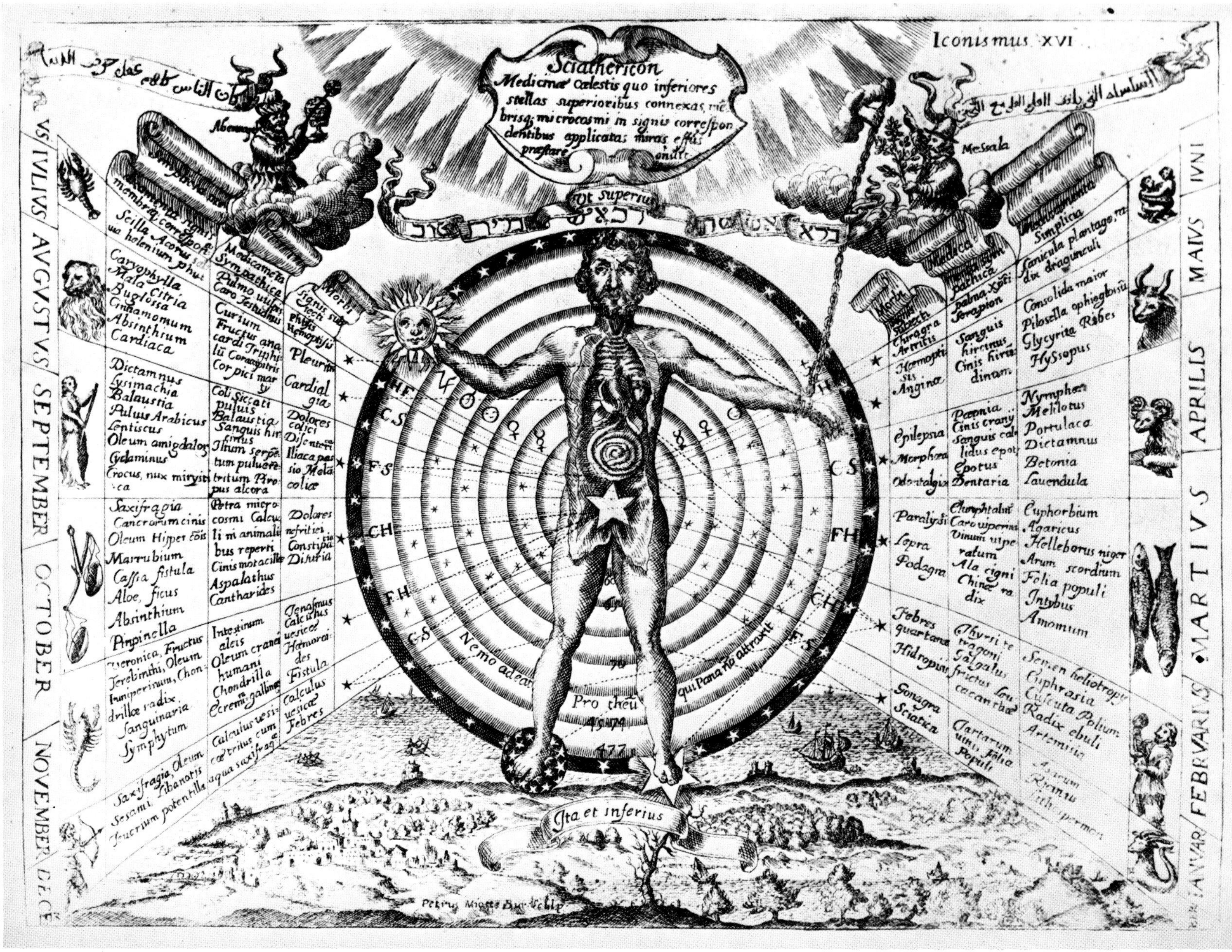

Sciathericon. Ars magna lucis et umbrae von Athanasius Kircher, 1646. Kupferstich.

Das Spiegelstadium

Die ursprüngliche Körperzeichnung betont die Heterogenität der Gemeinschaften und, innerhalb jeder Gemeinschaft, die Verschiedenartigkeit der Individualitäten. Man könnte sogar sagen, dass ihre Funktion darin besteht, Nivellierung und Vermassung zu verhindern, welche die innere Bedrohung einer jeden konstituierten Gruppe bilden. Natürlich sind Tätowierung und Narbenschmuck keine rein persönlichen Ausdrucksformen: Sie kennzeichnen vielmehr den subtilen Eintrag des Gesetzes und der symbolischen Ordnung auf dem Körper des Individuums. Aber diese körperliche Epiphanie zeigt die *Inkarnation* der gemeinschaftlichen Ordnung. Das Symbol wird vom gesellschaftlichen Organismus mitgetragen und hat weder getrennte Funktionen noch andere Ursprünge. Die Elemente, in denen es zum Ausdruck kommt, sind die Individuen selbst; sie unterscheiden sich untereinander wie die Buchstaben dieser fleischgewordenen Beschriftung, die die Gruppe bildet.

Nun verlangt aber der Übergang von der primitiven Gemeinschaft zur staatlichen Gesellschaft die Einrichtung eines spezialisierten Apparates, der von den Individuen losgelöst und unabhängig von ihnen kodifiziert wird. Die Geburt der Schrift ist mit der Gründung der Städte und der grossen Reiche verbunden, also mit gesellschaftlicher Hierarchie, Arbeitsteilung und Ausbeutung des Menschen durch den Menschen. Lévi-Strauss bemerkt dazu: «Wenn meine Hypothese stimmt, müssen wir annehmen, dass die primäre Funktion der schriftlichen Kommunikation darin besteht, die Versklavung zu erleichtern. Die Verwendung der Schrift zu uneigennützigen Zwecken, das heisst im Dienst intellektueller ästhetischer Befriedigung, ist ein sekundäres Ergebnis, wenn nicht gar nur ein Mittel, um das andere zu verstärken, zu rechtfertigen oder zu verschleiern.» [27]

Wenn das Gesetz der Gruppe nicht mehr auf dem Körper der Individuen erscheint, so deshalb nicht, weil es von nun an auf ein Pergament übertragen wird, aber auf eine anonyme Haut, auf jedermanns Haut: denn jedermann muss es kennen. Aber es wird nicht mehr durch jedes Gruppenmitglied gegenwartsnah gestaltet. Nur diejenigen, die zur Schrift Zugang haben, nehmen sich das Recht, sie zu ersinnen, zu formulieren und anzuwenden. [41]

Der berühmte Zeichner in Kafkas Erzählung *In der Strafkolonie* illustriert diesen Apparat besonders deutlich. Es handelt sich um einen eigentümlichen Apparat, der über ein Dispositiv an Nadeln verfügt, die auf den Leib des Verurteilten den Gesetzesparagraphen schreiben, den er übertreten hat. Sie prägen ihn in steter Wiederholung immer tiefer ein, bis es dem Gefolterten gelingt, ihn in seinem Fleisch zu entziffern. Die Beschriftung ist kompliziert und kann erst im Augenblick des Todes begriffen werden. Es gibt keine bessere Darstellung des inkrafttretenden Gesetzes, das virtuell, wenn auch unlesbar, auf der Haut der Menschen eingeprägt bleibt; und gerade diese Unlesbarkeit ebnet der Willkür der Macht den Weg. Kafkas Apparat ist keine Metapher, eher sind es die Gesetzbücher. Falls ein Individuum das Gesetz vergisst, bringt es ihm die Justiz unverzüglich durch eine diffamierende Marke in seinem Fleisch in Erinnerung, dann durch das Strafregister und heute durch die Datenkartei.

Mit dem Erscheinen der Schrift verschwindet das Tätowieren nicht, es hält sich nur in der Reserve. Wenn sich das Gesetz nicht mehr auf diese Weise kundtut, so um gleichzeitig die Entpersönlichung und seinen Gesamtanspruch zu betonen. Es verschont den Körper nicht aus Respekt vor seiner Integrität, sondern es zeigt ihm damit, dass der einzelne Körper für das Gesetz unwesentlich und austauschbar ist.

Die staatlichen Gesellschaften mit ihrer Trennung von wirtschaftlichen, juristischen, militärischen und politischen Institutionen führen zu Entpersönlichung und Polyvalenz der Individuen. Der Einzelne aber ist im Rahmen seiner Disponibilität gemeinschaftsfähig. Wenn er die Austauschbarkeit ablehnt, schliesst er sich vom gesellschaftlichen Spiel aus und exponiert sich so der diffamierenden Kennzeichnung, welche seine Unfähigkeit zur Gemeinschaft und seine Regression in die Wildkeit sanktioniert.

Auf die körperliche Zeichnung ist nie verzichtet worden; doch kehrt sich mit der Bildung zentralistischer Staaten nach und nach ihre Bedeutung um. Sie zeigt nicht mehr den gesellschaftlichen Einbezug, sondern den Ausschluss – oder den Rückzug in eine Randexistenz. Sie wird nur noch bei Verurteilten, bei Sklaven und manchmal bei Frauen angewandt (und bewahrt [illegible]n magischen oder dekorativen Charakter). Diese Entwicklung ist allen grossen Herrschaftsbereichen gemeinsam, ob in Europa, im Vorderen Orient oder in Asien. Gewisse Statuetten der prädynastischen Epoche Ägyptens tragen Muster, die man in den Körperverzierungen Schwarzafrikas wiederfindet. Zum Beispiel das im Ashmolean Museum in Oxford bewahrte Figürchen aus Nakada und Ballas (Oberer Nil) aus dem fünften Jahrtausend mit schwarzem Zickzackmuster auf Ockergrund, dem Zeichen der Fruchtbarkeit. Diese Tatsache setzt nicht unbedingt die Praxis des Tätowierens voraus, denn solche Statuetten könnten um ihrer selbst willen verziert worden sein. Andererseits finden sich im Museum von Gizeh Tätowierungsinstrumente, die aus Gräbern stammen und den Nadeln der modernen Tätoweure gleichen. Die Praxis des Tätowierens ist noch im zweiten Jahrtausend belegt, dessen Spuren auf Mumien von Priesterinnen und Tänzerinnen im Hatschepsuttempel entdeckt wurden. Analoge Muster finden sich

Tonfigürchen aus Nakada und Ballas, Oberer Nil.
Prädynastisch. Um 4000 v. Chr.

△ *Tätowierungsmuster, die Bes darstellen.*

◁ *Gott Bes. Grünliche Fayence, Ägypten, Spätzeit.*

▷ *Tätowierte Libyer. Ägypten. Neues Reich.*

auf Fayencen derselben Epoche. So kann nachträglich eine Beziehung zwischen den Mustern der Statuetten und der Tätowierung hergestellt werden. Louis Keimer verweist auf die Tatsache[50], dass das Tätowieren in Ägypten Frauen, und spezifisch Prostituierten, Tänzerinnen und Sängerinnen vorbehalten war, was das häufig wiederkehrende Symbol ihrer Gottheit Bes anzeigt. Gewisse männliche Figuren tragen ebenfalls Muster, die Tätowierungen entsprechen könnten, doch handelt es sich dabei um libysche oder nubische Gefangene mit hinter dem Rücken gefesselten Händen.

Auch in den Herrschaftsbereichen des Vorderen Orient scheint sich die Tätowierung in Regression und bedeutungsmässiger Umkehrung zu befinden. Das Gebot des mosaischen Gesetzes: «Die Priester sollen sich keine Tonsur und keine Einschnitte in das Fleisch machen» bezeugt, dass Tätowierung und Narbenschmuck von den alten Juden gepflegt und mit Moses verboten wurden. Das Alte Testament sagt, dass der Herr Kain zum Zeichen der Schmach mit einem Mal, wahrscheinlich auf der Stirn, zeichnete. (Die Kirche wird das Tätowieren mit dem Bann belegen und es formell auf dem Konzil von 787 verurteilen.) Darius liess 4000 griechischen Gefangenen mit einem glühenden Eisen Keilschriftzeichen auf die Stirn brennen. Nach dem Sieg bei den Thermopylen liess auch Xerxes die Besiegten brandmarken. Bei den Römern wurden Sklaven, Verbrecher und Deserteure an der Stirn gezeichnet, dann, nach Konstantin, an der Hand oder am Bein. Die körperliche Zeichnung war bis zum Ende des Ancien Régime und noch unter dem Empire im Strafgesetz als Sanktion eines Verbrechens verankert. In Frankreich wurde die Schulter der Straftäter mit einer Lilienblüte gezeichnet, dann, im 18. Jahrhundert, mit den Buchstaben V (voleur) für Diebe, GAL für Galeerensträflinge und M (mendiant) für Bettler. Der

Sklavenhandel - sei er portugiesisch, spanisch, holländisch, englisch oder französisch - markierte die Sklaven mit den Initialen ihrer Herren, um sie im Falle einer Flucht zu identifizieren. Mit der Beschleunigung der wirtschaftlichen Aktivitäten wechselten die Sklaven immer häufiger den Herrn, und eine neue Kennzeichnung wurde erforderlich. Die verschiedenen Zeichen wurden sooft übereinander angebracht, dass sie schliesslich ineinander übergingen.[2] Diese inflatorische Resorption der Tätowierung kann als Vorbote der gesellschaftlichen und wirtschaftlichen Umschichtungen angesehen werden: Die Industriegesellschaft fordert die «Befreiung» der Arbeiterschaft auf dem Arbeitsmarkt, ihre Beweglichkeit und Austauschbarkeit, anders ausgedrückt ihre Anonymität.

Das Mal ist auf jeden Fall Zeichen des Aussergewöhnlichen. Es wird nur bei jenen angebracht, die sich durch Status oder individuelle Rebellion der gesellschaftlichen Ordnung zu entziehen suchen. Zudem erfährt das Prinzip der körperlichen Integrität mit dem Aufkommen der Demokratie neue ideologische Rechtfertigungen. Im alten Griechenland liegt der gesellschaftliche Konsens nicht mehr ausserhalb der Gesellschaft: Die Gemeinschaft der Bürger findet ihre Transzendenz in sich selbst. Sokrates sieht sich als philosophische Hebamme und will beweisen, dass jeder die Wahrheit gebären kann. Diese humanistische Umzentrierung der Transzendenz gilt für Körper und Geist: Die Normen der Schönheit fallen mit der menschlichen Anatomie in der Fülle ihrer natürlichen Entfaltung zusammen. Der griechische Kult des Körpers schliesst mehr denn je seine Zeichnung aus, da dieser das Mass aller Dinge wird. Er ist nicht mehr Wesen, sondern Norm und überführt seine Substanz in die reine Form des Prototyps.

Nach Jahrtausenden der Verstümmelung und Veränderung der physischen Erschei-

Kopf des Diadumenos.
Römische Marmorkopie nach einer Bronze von Polyklet von ca. 430 v. Chr.

Mensch im Tierkreis.
Holzschnitt, Ende 16. Jh.

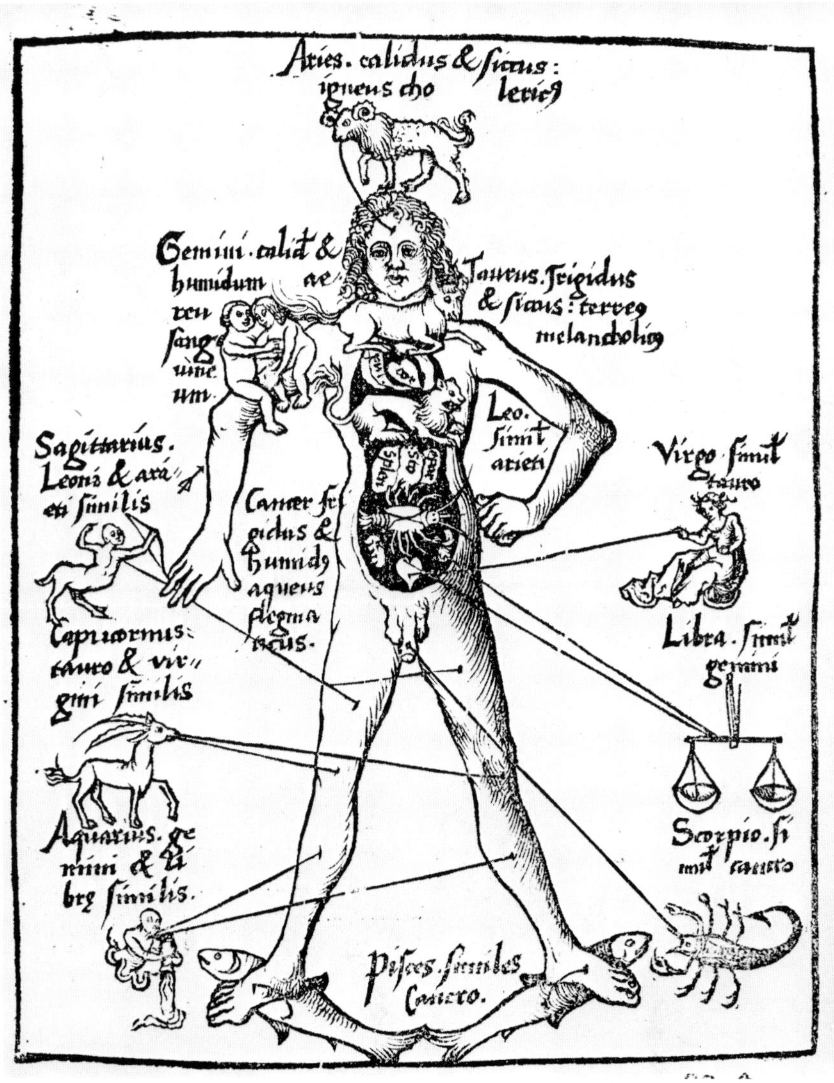

nung bedeutet diese Epiphanie des anatomischen Körpers etwas anderes als eine Regression zum «blöden Körper» hin, den die Primitiven verspotten. Doch gibt sich der Mensch nicht mit seiner körperlichen Zufälligkeit zufrieden. Der Leib, wie er ihm verliehen wurde, ist nur eine Annäherung an den Körper, wie er sein muss. Der platonische Idealismus hat einen Folgesatz: Der Körper wird in seiner Schönheit nur durch Askese (griechisch: Übung) zu seinem eigentlichen Wesen finden. Die griechische Nacktheit ist eine Nacktheit zweiten Grades. Sie ist eine eingebildete Nacktheit, die den wahren Körper in eine spekulative Dialektik verwickelt, die sich auf der Stufe der anthropologischen Evolution mit dem Spiegelstadium deckt, von dem Lacan spricht: Der Mensch muss sich dem idealisierten Bild seiner selbst anpassen, das ihm der Künstler entgegenhält. Als statistische Norm aller empirischen Körper (Polyklet: «Die Schönheit hat viele Regeln.») arbeitet der Künstler Schönheitsregeln aus, in deren Kanon die Körperkultur nachträglich ihr Mass findet (die jungen Spartaner stellen sich regelmässig nackt einem Ephorengericht, das nötigenfalls Diät oder körperliche Übungen vorschreibt). Auf den Körper brauchen keine Zeichen gesetzt zu werden, denn als Bild seiner selbst ersetzt er die Bilder, deren Träger er vorher war. Er versöhnt Natur und Kultur und wird die verschönerte Replik seiner selbst, das «immanente Bild», ideal und realistisch zugleich.

Die jüdisch-christliche Verdammung des Leibes widerspricht der griechisch-römischen Kultur weniger, als es scheint. Gott schuf den Menschen nach seinem Bilde, sagt die Bibel. Wenn der Körper ein Bild ist, so muss er sich als solcher auslöschen und sich zum möglichst unkörperlichen Signifikanten einer unsichtbaren Transzendenz machen. Die Verurteilung von Schminke und Schmuck wird zum Leitmotiv aller moralisierenden Reden, die den Menschen ständig an seine Unwesentlichkeit erinnern. Der Körper wird als *Minor mundus* geweiht, als von Gott gestaltet. Konstantin wird das Tätowieren dann als Verschandelung der himmlischen Schönheit verbieten. Darin folgen ihm die Kirchenväter, die durch das ganze Mittelalter hindurch diesen Bannfluch erneuern. Das Christentum folgt also der Bewegung der platonischen Idealisierung mehr als es ihr widerspricht, indem es sie bevorzugt auf das anwendet, was ihm am meisten widerstrebt: Der Körper aus Fleisch und Blut, der erogene Körper, der barbarische Körper der Lust und des Schmerzes. Der marmorisierte Kanon der griechisch-römischen Skulptur ist eine Etappe auf dem Weg zur Vergeistigung des nach dem Bilde Gottes geschaffenen Menschen. So sind antike Kanonisierung und christliche Askese zwei aufeinanderfolgende oder sich ergänzende Modalitäten einer idealistischen Neutralisation des erogenen Körpers.

Bemalung für ein religiöses Fest oder eine Hochzeit. Tihamagebiet (Küstenstreifen), Jemen.

Ait Hadiddu-Frau (Ait Brahim), Marokko.

Alltägliche Gesichtsbemalung. Haydan-Gebiet, Jemen.

Der Islam verbietet wie das Christentum die Tätowierung aus Respekt vor der göttlichen Schöpfung. Der Koran und gewisse Hadiths verwerfen ausdrücklich jede Veränderung der körperlichen Erscheinung. In dieser Hinsicht haben die Moslems jedoch den religiösen Vorschriften stärker widerstanden als die Christen – oder auf eine andere Art. Besonders im Maghreb und in Jemen hat sich die Praxis des Tätowierens erhalten; auch bei den Wüstennomaden, im Volk und vorzugsweise bei den Frauen. Dieses Fortbestehen erklärt sich zweifellos durch eine, verglichen mit dem christlichen Europa, soziokulturelle Stagnation. Zu Beginn des Jahrhunderts verzichtete man nur in den bürgerlichen und europäisierten Milieus auf die Körperzeichnung. Die Frauen des Volkes tätowierten sich weiterhin den Teil des Gesichtes zwischen Unterlippe und Kinn sowie die Schläfen.

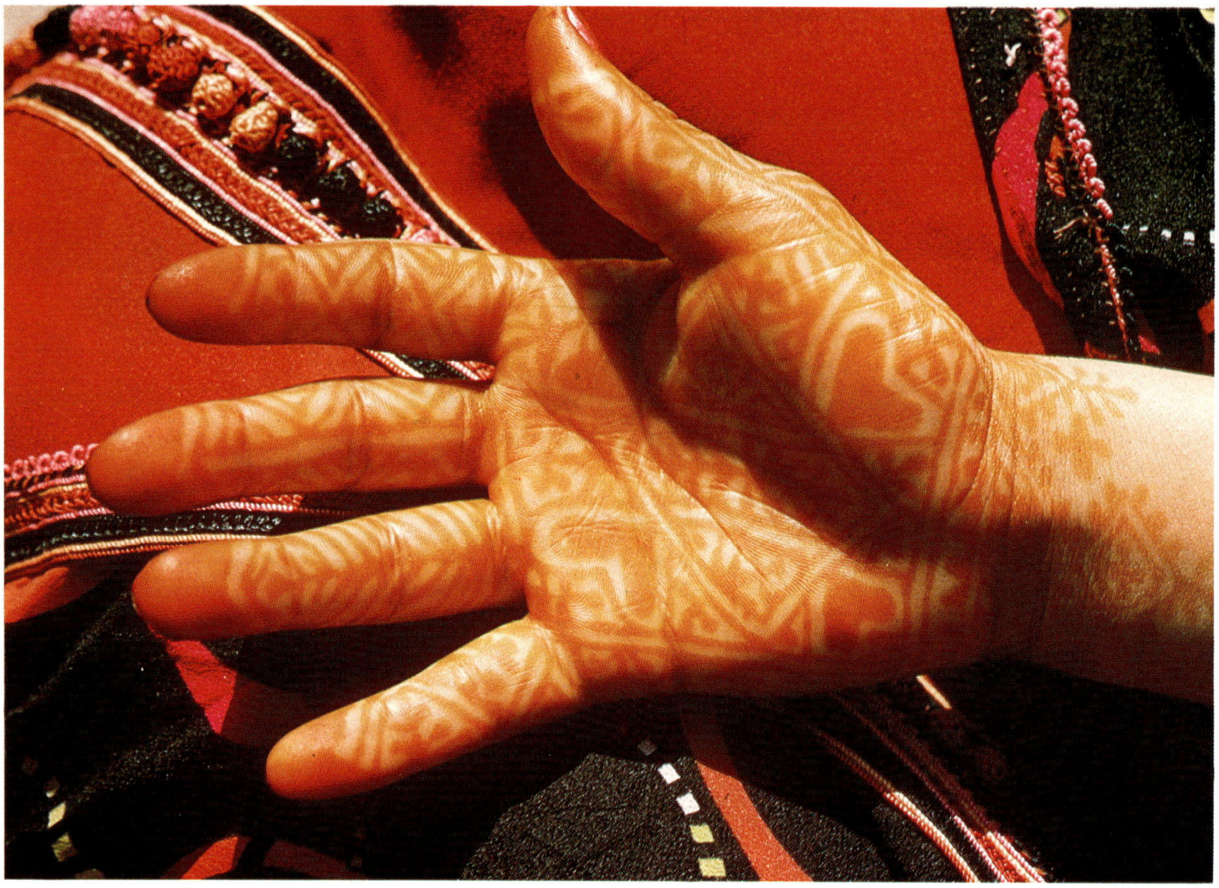

Mit Henna bemalte Frauenhand. Innen- und Aussenseite. Marrakesch, Marokko.

Diese Tätowierungen entspringen einem Vokabular von Zeichen, das noch der präislamischen oder vielleicht neolithischen Epoche entstammt. In der Folge des koranischen Verbotes wurde die rituelle Bedeutung der Tätowierung durch eine prophylaktische oder heilende Funktion ersetzt (gegen Augenkrankheiten, Unfruchtbarkeit und Geschlechtskrankheiten). In diesem Sinne tätowierten die Mütter ihre Kinder oder nahmen die Dienste eines Berufstätoweurs in Anspruch. Als eine Art Abwehr gegen Unglück legte man Russschwärze unter die Haut. Aber auch diese magische Funktion verlor sich. Die Narbenzeichnungen hingegen wurden weiterhin praktiziert, verloren sich aber in ausschliesslich ornamentale Bedeutung. Diese semantische Umkehrung, die der Tätowierung auch in Europa den Beigeschmack von Schande und Erotik gegeben hat, kommt in der Aussage einer alten marokkanischen Tätoweuse zum Ausdruck: «Das Tätowieren überträgt sich von der Mutter auf die Tochter», erklärte sie ... – «Aber eine muss doch begonnen haben», entgegnete der Dolmetscher, «und von wem hatte sie ihr Talent?» – «Von einem Scheich.» – «Und von welchem Scheich?» Die Antwort liess auf sich warten, dann aber sagte sie: «Nimm an, es sei Satan.»[47]

Die noch unter den Moslems praktizierten Tätowierungen, auch wenn sie rein dekorativ geworden sind, müssen als Überreste der ursprünglichen Körperzeichnungen angesehen werden. Das europäische Schminken hingegen geht gewissermassen über die anthropometrischen Prinzipien des westlichen Humanismus hinaus, deren Zwiespältigkeit es aufzeigt und akzentuiert.

Der griechisch-römische Körper (dem wir uns verpflichten) blieb von jeder Hautzeichnung verschont. Und doch ist er ein bemalter Körper, weil er sich durch die Kunst zum Modell jeglicher Schönheit erhoben hat. Der Körper als *Modulor* ist ein geistiges Produkt, dessen Urheber zu personifizieren dann Aufgabe der christlichen Doktrin sein wird. Eine grundlegende Tautologie liegt darin, dass der Körper nach Vorbildern gezeichnet worden ist, die ihrerseits ihre Anatomie durch Hygiene und Körperübungen nach Modellbildern plastisch geformt haben. Seit Jahrtausenden zielt ein Disziplinarapparat (der heute durch die Mode abgelöst ist) darauf ab, den Körper in der Norm zu halten, hinzuzufügen, wegzunehmen, zu berichtigen, damit der Mensch körperlich seinem Wesen entspräche. Die scheinbar widersprüchlichen Imperative des akademischen Kanons: Imitation der Alten, Imitation der Natur lösen sich in dem teleologischen Zusammenfall einer platonischen Idee auf, die Fleisch werden muss. Der Körper scheidet seine Norm aus, und er muss durch tägliche Askese zu seiner eigenen imaginären Natur finden. «Bemühe dich, natürlich zu sein.» Dieser *double bind* ist aktueller denn je; er zeigt sich seit der Antike in der scheinbaren Unterscheidung zweier Faktoren: einerseits der *Kosmetik,* das heisst der durch die Medizin als Restauration des anatomischen Wesens vorgeschriebenen Toilette, Hygiene und Körperpflege; andrerseits der *Kommotik,* das heisst der Schminke, Perücken und anderer falscher Teile, die als Merkmale der Prostitution verurteilt werden.[39] Galiens pseudowissenschaftliche Betrachtungen zeigen den metaphysischen und moralisierenden Charakter dieser Unterscheidung: «Die Kunst der Toilette, die von der Medizin ausgegangen ist, unterscheidet sich von der Kunst des Schminkens; das Ziel des Schminkens ist es, eine fremde Schönheit zu verwirklichen, das Ziel der Toilette ist es, dem Körper seine Natürlichkeit zu bewahren; daraus folgt eine natürliche Schönheit.» Wenn nun die Schönheit aus einer Kunst hervorgeht, wie kann man dann entscheiden, ob sie natürlich oder fremd ist? Man kann nur sagen, dass die Grenzen sich verwischen.

Liegt nicht gerade darin der Gipfel aller Künstlichkeit, wenn man der Schönheit einen Anstrich von Natur gibt? Die Strategie der Verführung konzentriert sich nun für Jahrhunderte auf diese Gratlinie, wo Spontaneität und Künstlichkeit, naturalistische Reparatur und erotisches Werben, Schamhaftigkeit und Prostitution aufeinandertreffen. Wenn man die ständigen Warnungen der Kirchenväter liest und wenn man weiss, dass bei allem Leugnen die Predigten immer das Eingeständnis der echten Taten sind, erkennt man, dass die Kosmetik eher als Alibi denn als Alternative zur Kommotik gedient hat...

Tatsächlich ist die Schminke ein Köder, der seine Rechtfertigung in der Doktrin von der Integrität des Körpers findet. Gott schuf den Menschen nach seinem Bilde, aber diese göttliche Gravierung ist durch menschliches Verschulden fehlerhaft. Es ist die Pflicht des Menschen, sie zu retuschieren, eine Realität wiederherzustellen, die durch profane Fleischwerdung verraten wurde. Die Schminke kann sich also als respektvolle Bemalung des göttlichen Werkes rechtfertigen: Sie stellt das, was sie bedeckt, wieder her, sie malt den Mund auf den Mund, die Wangenknochen auf die Wangenknochen, die Wimpern auf die Wimpern usw. Sie unterstützt die Physiognomie in ihrem Verlangen nach dem Sein, macht sie weisser als Schnee, gibt ihr Lippen, die röter sind als Blut, einen Blick, der tiefer ist als Natur, sie verleiht ihr also den letzten Schliff, um vollständig sie selbst zu sein. Darin erfüllt die Schminke die Bestimmung der darstellenden Kunst, die darin besteht, der ontologisch fehlerhaften Natur ein zusätzliches Sein zu verleihen. «Die Natur ist in ihren Erzeugnissen mehreren Zufälligkeiten unterworfen», bemerkt Quatremère de Quincy, «aber die Kunst ist frei in ihrem Wirken, weil sie als Instrument nur passive Materialien hat, die keinerlei Widerstand leisten. [...] Das Privileg der Kunst ist es, die Realität nicht

Mädchenkopf. Kretisches Freskofragment aus Knossos. Gegen 1500 v. Chr.

Porträt eines jungen Mädchens, genannt «L'étude» oder «Le chant». Ölgemälde von Jean-Honoré Fragonard, um 1769.

wiederzugeben, sondern sie zu ersetzen.»[55] Das Schminken ist eine von tausend Möglichkeiten, das Verb «sein» zu konjugieren, dieses Grundkonzept unserer Metaphysik.

Erinnern wir uns dagegen nochmals an die Hartnäckigkeit der Primitiven, die anatomischen Bedingtheiten zu leugnen. Beim Jahrfest des Gerewol suchen sich die jungen Boromädchen die schönsten jungen Männer des Stammes aus; die Gesichter der Männer sind sorgfältig angemalt und zwar so, dass ihre Gesichtszüge der Anatomie möglichst fremd sind. Für sie ist Schönheit die gekennzeichnete Verleugnung der Natur. Die Gesichtsbemalung der Primitiven will entstellen, die der westlichen Menschen den Bezug zur Anatomie verstärken. Die eine soll gesehen werden, die andere nicht.

Wie die darstellende Malerei wird die Schminke nur geduldet, wenn sie sich, ihrer illusionistischen Funktion gemäss, verbirgt. Sobald sie sich unabhängig macht, wird sie genauso anstössig und tadelnswert wie die impressionistischen Gemälde in den Augen ihrer ersten Betrachter. Die Frau muss, will sie anständig sein, ihre Schminke durch das Schminken verbergen. Aber will sie es immer? Die Verführung spielt mit der perversen Dialektik des Köders und des Opfers, wie bereits Casanova über die Schminke seiner Geliebten sagte: «Sie gefiel mir, weil sie sie wie die Damen von Versailles aufgetragen hatte. Die Anmut dieser Bemalung liegt in der Nachlässigkeit des Auftragens. Das Rot der Wangen soll gar nicht natürlich erscheinen; man trägt es auf, um den Augen zu gefallen, die darin ein Zeichen von Trunkenheit sehen, das Versprechen verzaubernder Leidenschaf-

Büssende Magdalena.
Ölgemälde von Francisco Goya, um 1813–1818.

ten.»[54] Baudelaire geht ein Jahrhundert später darüber hinaus: «Die Schminkkunst hat sich nicht zu verstecken, sie muss sich keine Mühe geben, unbemerkt zu bleiben; sie kann sich im Gegenteil offen zeigen, wenn nicht mit Geziertheit, so doch wenigsten mit einer gewissen Unbefangenheit.»[35]

Diese Unbefangenheit ist genauso durchtrieben wie das Argument Baudelaires, dessen *Lob des Schminkens* in der Vorstellung wurzelt, dass die Natur unmoralisch ist und dass Schönheit und Tugend nur künstlich sein können. Deshalb stellt er dem westlichen Naturalismus die «hohe Spiritualität» derjenigen Rassen gegenüber, die man zu Unrecht als Wilde bezeichnet. «Der Wilde und der Säugling bezeugen durch ihr naives Sehnen nach Schillerndem, nach buntem Federwerk, nach glänzenden Stoffen, nach der höchsten Majestät künstlicher Formen also, ihre Abneigung gegen das Natürliche und beweisen so, unwissentlich, die Geistigkeit ihrer Kunst.» Das Schminken muss also eine Wirkung anstreben, die nicht vom Natürlichen ausgeht: «Es spielt keine Rolle, dass die Kniffe und Künste allen bekannt sind, wenn nur der Erfolg sicher und die Wirkung unwiderstehlich ist.» Diese perverse Apologie bestätigt *a contrario,* dass die Zensoren nie das Schminken prinzipiell abgelehnt haben, sondern nur das Schminken, *das sich verrät,* eben dasjenige, das Baudelaire preist und das durch Übersteigerung den erogenen Körper der Wilden reizt. Für die Psychoanalytiker ist das Gesicht der Zivilisierten der verkörperte Ausdruck der Triebe; wenn es wahr ist, dass das Rot der Scham eine intimere Röte zeigt, die es verbirgt, so verwandelt das zur Schau gestellte Schminken das Gesicht zu einem kleinen Theater der Sexualität, das suggestiv genug ist, die Sittlichkeit zu rufen.

Das zeitgenössische Schminken schwankt mehr denn je zwischen der Vortäuschung des Natürlichen und der perversen Zurschaustellung dieser Vortäuschung.

Mehr als je zuvor bedient man sich heute vegetabiler Metaphern; man greift zu Pflanzen, Früchten, Rosen und Milch als Erneuerung der Haut, ihrer Jugend, Zartheit, Frische und Festigkeit. Um sich selbst zu finden, muss die Frau ihren Körper mit Aerobic stählen, ihre Haut mit UV bräunen, Haarsträhnen chemisch aufhellen, Äderchen veröden, Schönheitsflecken ausbrennen, Poren verstopfen und die Haut ionisieren. Sie muss zu den gesuchtesten Mitteln greifen, um die durch Alter, Müdigkeit oder Resignation hervorgerufenen Veränderungen zu beheben

Papua aus dem Sepikgebiet, Neuguinea.

und um nicht in einen minderen gesellschaftlichen Status zurückgeworfen zu werden. Die Schönheitschirurgie hat die ursprünglichen körperlichen Eingriffe abgelöst (Verlängerung des Halses, Dehnung des Schädels, Verkleinerung der Füsse und andere Deformationen); doch sie darf diesen Eingriff nicht zeigen, und ihr Ziel ist es, den «realen» Körper unbefleckt von dem zu halten, was als eine ungehörige Prothese gelten könnte (eine zu lange Nase, Fleischpolster, zu umfangreiche Brüste usw.). Die in diesem Zusammenhang wohl emblematischste Künstlichkeit ist die Bräunung. Sie symbolisiert gerade in ihrer «Natürlichkeit» Ferien, Sport, Jugend, Abenteuer und Billigung der «schwarzen Sexualität», handelt es sich doch dabei auch um Körperbemalung, indem das Melanin durch die Epidermiszellen auf «natürliche» Art ausgeschieden wird. Was die zivilisierte Kosmetik also von der wilden Kosmetik unterscheidet, ist nicht die Ablehnung autoplastischer Techniken, sondern die anmassende Vorspiegelung von Natürlichkeit.

Selbst wenn der ganze Leib Täuschung ist, bringt die perverse Logik der Verführung und der Aufreizung das Schminken an die Grenze des Hyperrealismus, wo es sich selbst täuscht und in seinen eigenen Zeichen ersäuft.[36] Das Gesicht hell-dunkel anzumalen, mit dunklem Puder für die tiefliegenden, Perlmuttrosa für die hervortretenden Teile, bedeutet, sein Trugbild auf das Objekt zu übertragen, daraus ein «trompe-l'œil» zu machen und es in seinem eigenen Spiegelbild zu erschöpfen. Ein weiterer Schritt noch in dieser Künstlichkeit, und das Reale selbst gerät ins Wanken und vergeht in einer allgemeinen Vortäuschung. So imitiert das «Retroschminken» nicht die Natur, sondern eine veraltete Form der Nachahmung. Es bleibt zwar naturalistisch, aber zweiten Grades. Die Nachbildungen, die zu ihrer Zeit ihre Wirksamkeit hatten, werden in den Augen der folgenden Generation zuerst lächerlich, dann poetisch. Es ist mit der Schminke wie mit der Fälschung in der Malerei: Auch hier fragt man sich, ver-

Quickargile-Reklame, 1983.

gleicht man sie mit dem Original, wie sie hat täuschen können; aber durch die Tatsache ihrer Verwechslung hat sie eine seltsame Macht gewonnen, so als ob sich die simulierende Natur der Originale durch Ansteckung auf sie übertragen hätte...

So existiert die Körperzeichnung weiterhin in der westlichen Gesellschaft, aber in «beschämender» Form: Sie stellt sich nicht mehr als solche dar, da sie sich sonst der Schande oder der Lächerlichkeit preisgäbe; sie muss nur noch als Köder wirken.

Sie stillt unser Verlangen nach Realität, sie ziert sich mit Natürlichkeit, sie wird nur unter dem Alibi einer Vollkommenheit des Körpers zugelassen, die sie wiederherstellen soll. Sie ist demnach der Gegenstand einer Verdrängung, für die das Schminken ein Symptom ist, das geradezu hysterischen Charakter annehmen kann. Die Rückkehr des Verdrängten kann sich auf brutalere Art seinen Weg bahnen, indem verwirrende Erinnerungen an den erogenen oder beängstigenden Charakter der Körperzeichnung sadistische Komponenten annehmen. Victor Hugo spricht in *L'homme qui rit* von den *comprachicos*, die mit monströsen Kindern handeln, die sie selbst entstellt haben: «Sie zeichneten Kinder, wie man ein Taschentuch zeichnet.» Lautréamont legt Maldoror das Geständnis in den Mund: «Ich wollte wie die andern lachen, aber es war unmöglich. Ich nahm ein Taschenmesser, und mit seiner scharfen Klinge schnitt ich mir das Fleisch an der Stelle auf, wo sich die Lippen vereinigen.» Kassner, eine Gestalt Malraux', schneidet sich in *Le temps du mépris* mit dem Messer eine Lebenslinie in die Hand. Muss man noch an die Marken erinnern, die in der erotischen Literatur von Sade bis Pauline Réage Misshandlungen aller Art auf dem Körper hinterlassen, oder an den lächerlichen symbolischen Erinnerungsfetzen, den sich deutsche Studenten mitels Narben auf dem Gesicht anbrachten.

Neben solchen Ausfällen gibt es eine spezifische Form körperlicher Zeichnung, die den gesetzeswidrigen Charakter offen bekundet:

Geschminktes Kind.

die Tätowierungen, die spätestens seit dem 18. Jahrhundert in Europa auftauchen. Sie finden sich zuerst bei Matrosen, Soldaten und Sträflingen, bei jenen, die mit den überseeischen Primitiven in Kontakt gekommen waren. Und zweifellos ging es ihnen von Anfang an um eine Herausforderung, wenn sie sich mit den Wilden assimilierten. Diese Eigenart breitete sich unter gewissen Volksschichten aus, vorwiegend aber unter Individuen, die geächtet waren, wie Übeltäter, Gefangene und Prostituierte. Bis zur Mitte dieses Jahrhunderts fand man viele Tätowierungen in psychiatrischen Anstalten, ähnlich jenen in Gefängnissen, welche im übrigen in den meisten Fällen vor der Internierung angebracht worden waren.[38]

Diese europäische Tätowierung beschwört, neben ihrer Bezugnahme auf die Wildheit, die Brandmarkung der Verbrecher und der Sklaven herauf, die traditionsgemäss mit dem glühenden Eisen gezeichnet wurden. Die freiwillige Tätowierung versinnbildlicht die Forderung nach dem Ausschluss, dem man schon im vornherein unterliegt, und markiert zugleich den Stolz dieser Lage. Es genügt, die zahlreichen dazu referierenden Werke der Medizin und insbesondere der Psychiatrie des 19. Jahrhunderts zu lesen. Aus der pseudowissenschaftlichen Sicht der Autoren ist die körperliche Markierung das Zeichen moralischer Dekadenz und Schande. Die Tätowierten gefallen sich darin, den Schrecken vor der Wildheit auszulösen. Sie tragen diese unauslöschlichen Markierungen als endgültiges Verweigern jeglicher Integration. «Verba volant, scripta manent», heisst es: Das ist wahr, a fortiori, was die Bezeichnungen anbelangt, die erst mit dem Tod ihres Urhebers auslöschen – eine Provokation, die sich bei sowjetischen Häftlingen wiederfindet, die in den Gulags auf der Stirn die Tätowierung «Breschnews Gefangener» trugen. Im übrigen lassen sich häufig Menschen tätowieren, die sich ungern in Worten ausdrükken, die sich diffus als Opfer der logozentrischen Ordnung fühlen und die einen spekta-

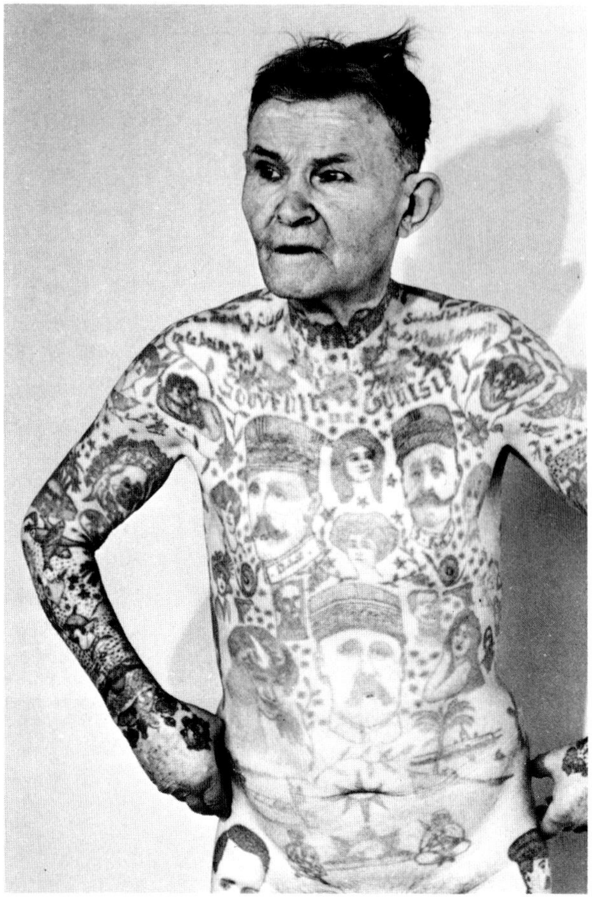

Tätowierter Soldat des Afrikabataillons. «Andenken aus Tunesien».

Tätowiertes Gesäss «Fürchte nichts».

Gesäss mit Schlangentätowierung.

kulären Gegenstoss gegen das kulturelle Prinzip der körperlichen Integrität führen. Im allgemeinen scheint die Ikonographie dieser Tätowierungen der Idee einer Herausforderung zu widersprechen. Häufig sind es patriotische Bilder und Allegorien. Napoleon, Foch, Pétain, de Gaulle zieren u. a. die Brust der Soldaten, und nicht selten trägt ein Behaarter die Republik oder eine andere bombastische Komposition auf sich. Mona Lisa, Botticellis Frühling und die Ermordung Heinrichs des Dritten sind Themen, welche die von der Volkskunst resorbierten Sinnbilder der grossen Malerei illustrieren.

Diese stereotypisierten Bilder sind jedoch nur ein Aspekt der antisozialen Themen (viele Beschriftungen der Art: «Tod den Bullen», «Strolchenherz», «Weder Gott noch Meister», «Rache» finden sich) oder Devisen einer düsteren Resignation («Lauf oder krepiere», «Das Zuchthaus wartet auf mich», «Geboren um zu leiden» oder ein Grab mit der Inschrift: «Hier findet man Gleichheit»), Symbole der Gewalt (Dolch, Degen, Kanone), erotische Sinnbilder und andere Demonstrationen provozierenden Humors (das Wort Scheisse auf derjenigen Seite der rechten Hand, die beim militärischen Gruss sichtbar ist; oder die Inschrift «Spielzeug für Damen», «Liebeshahn», «Probieren und Vergleichen» über oder auf dem männlichen Glied).[40]

Lombroso zitiert den Fall des berühmten Mörders Malassen, der in Neukaledonien Henker der Sträflinge war und der auf der Brust eine rot-schwarze Guillotine mit der Bildlegende tätowiert hatte: «Das Ende erwartet mich».[57] Andere Zuchthäusler tragen

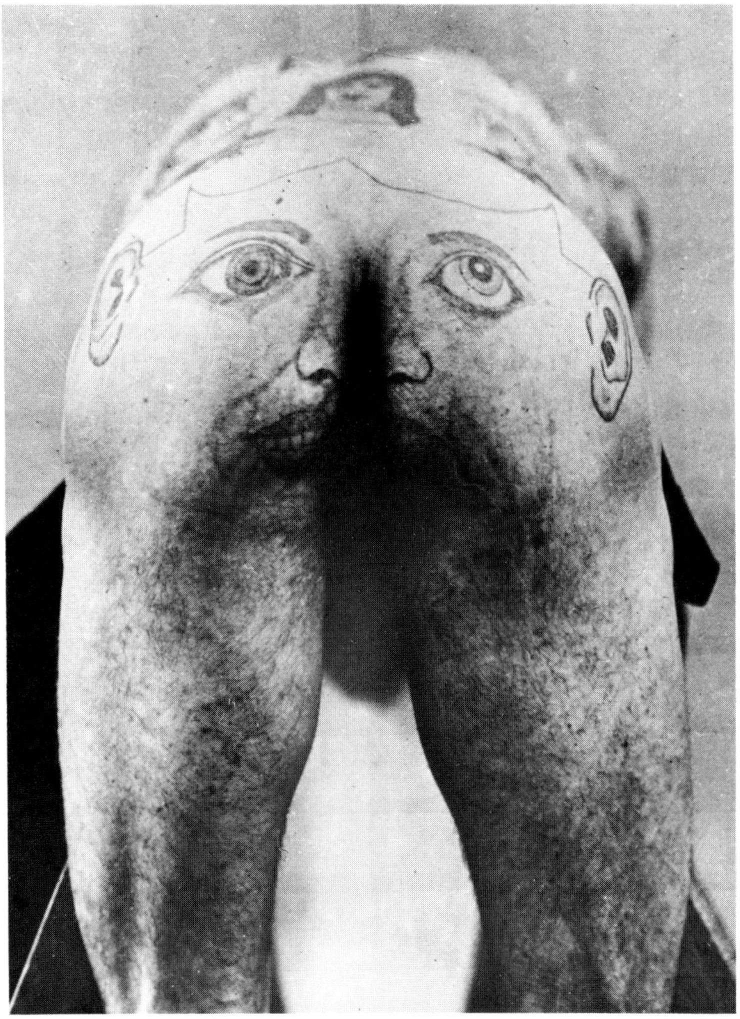

Gesäss mit Gesichtstätowierung.

eine gepunktete Linie um den Hals mit der Aufschrift: «Hier abschlagen.»

Patriotisch oder anarchistisch, willfährig oder ironisch aus der Sicht der Kultur der Kultivierten, entsprechen die Tätowierungen der Randgestalten dem Prinzip von McLuhan: «Die Botschaft ist das Medium.» Es sind hauptsächlich Stempel des Asozialen, welche sich jene aus Trotz aufdrücken, die in der jüdisch-christlichen Kultur geächtet sind. Bevorzugt werden jene Zonen, die am sichtbarsten und muskulösesten sind (Hände, Unterarme und Brust). Das wesentliche Merkmal der europäischen Tätowierung liegt nicht so sehr im formalen Stil oder im Thema, das fast immer banal oder stereotyp ist, sondern im merkwürdigen Missverhältnis zwischen der ikonographischen Starre und der Elastizität des Trägers. Darin liegt zweifellos die hauptsächliche Irritation für eine Kultur, die zur Repräsentation und zum illusionistischen Effekt neigt, das heisst zur Neutralisierung des Trägers und zur Transparenz der Zeichen. Wir verspüren mehr denn je dieses «beunruhigende Sonderbare», wenn der Körper des Zeichens sich belebt, wenn er geradezu «Fleisch» wird. Verliert der «objektive» Rahmen der Darstellung seine Stabilität und bebt, verformt und bläht er sich auf, so erweckt er bei dem Betrachter eine Hautemphatie, die die visuelle Distanz aufhebt. Das Beleben des Körpers – traditionsgemäss aus der Darstellung entfernt, weil es Subjekt und Objekt aneinanderschmiedet – nimmt eine erotische Färbung an. Wenn der Seemann seinen Bizeps spannt, blähen sich auf seinem tätowierten Arm die Segel der Karavelle. Dieses lebende Vexierbild, das je nach Muskeldehnung schwankt, soll anschwellen. Der erhabenste Träger der Tätowierung ist natürlich das erektile Organ schlechthin, der Penis. Statistisch gesehen wird die Operation jedoch selten vollzogen, da sie sehr schmerzhaft ist.[52] Seinem ursprünglichen erogenen Träger das Bild zurückzubringen, ist eine «wilde» Form der Abwehr der Versachlichung der Gefühle in unserer Kultur.

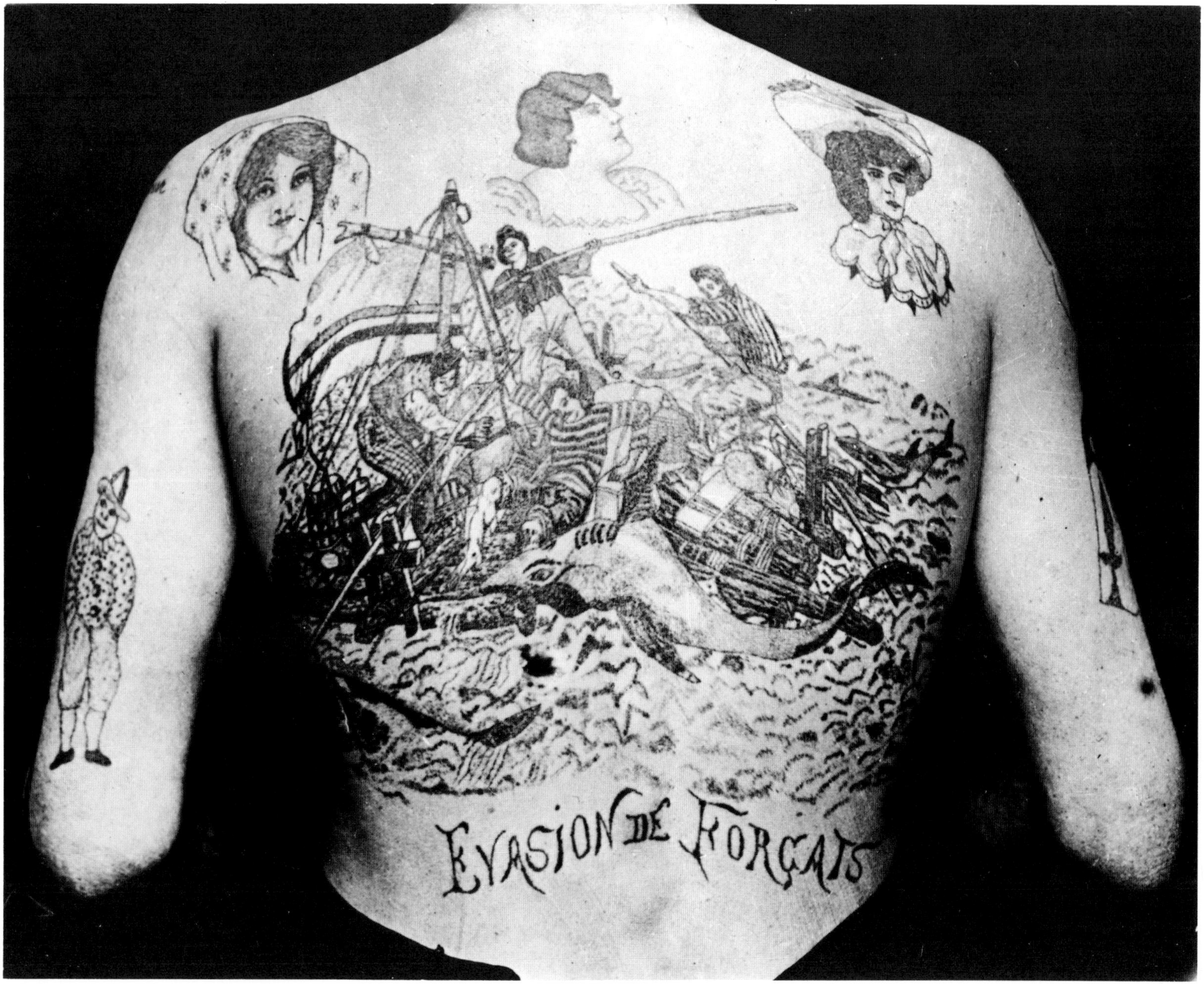

Tätowierter Rücken «Sträflingsflucht».

Japanische Tätowierungen.

Die Entwicklung der Tätowierung in Japan verlief analog zu der europäischen, auch wenn dem Körper kein «göttlicher» oder ästhetischer Charakter zugesprochen wurde, wie dies in der griechisch-jüdisch-christlichen Tradition geschah. Die Tätowierung ist auch in viel geringerem Masse «grenzüberschreitend». In den Augen ihrer Anhänger verleiht sie dem nackten Körper Würde. Mit der gesellschaftlichen Hierarchisierung wurde sie nach und nach in die unteren Klassen verbannt. Ursprünglich entsprachen auch in Japan die Körperzeichnungen dem gesellschaftlichen Status des Individuums, worauf die Zeichnungen auf Tonpuppen hinzuweisen scheinen, die als Überreste des vorgeschichtlichen Japans gefunden wurden. Mit der Gründung des Despotenstaates behielt die Tätowierung lediglich ihre Bedeutung als Ornament bei. Im Laufe des 17. und 18. Jahrhunderts wurde sie in den Rang der schönen Künste erhoben: Die *Irezumi* hatten ihr eigenes Museum, das den sterblichen Überresten von Tätowierten geweiht war (dieses Museum existiert noch heute). Sogar Utamaro hat Muster gezeichnet, die für den Körper bestimmt waren.

Das Aufkommen einer bürgerlichen Klasse von Händlern gab dem Tätowieren neuen Aufschwung, aber auch eine spezifisch gesellschaftliche Bedeutung. Da sich die Händler nicht wie die Adligen mit Seidenstoffen, Brokat, Gold und Silber schmücken durften, wichen sie auf die Tätowierung aus. Von da an beschränkte sich das Tätowieren immer mehr auf die niedrigeren Klassen, auf gewisse Zünfte (Träger, Fischhändler, Schlächter), dann auf Geishas und Verbrecher. Gegen 1870 wurde sie sogar für einige Jahre verboten und bestraft, zweifellos eine Folge des europäischen Einflusses. In Japan hat die Tätowierung nicht den provozierenden Charakter wie in Europa. Sie kann als verspätete volkstümliche Version einer gegenständlichen Kunst betrachtet werden, die ihren Höhepunkt im Ukiyo-e-Holzschnitt erreichte, dem sie Themen und Stil entlehnt: Samurai, chinesische Weise, Gottheiten, Drachen, Landschaften, Blumenmotive usw. Die häufig reich kolorierte, gewundene Zeichnung spielt mit den anatomischen Formen in manchmal erotischem Kontrapunkt.[58]

Auch wenn die Körperbemalung mit der Zivilisation und der Staatenbildung allgemein zurückgegangen ist, so lebt sie doch in gewissen fest umschriebenen Formen weiter, wobei sie ihren Ausnahmestatus offenbart. Das ist beim Theater der Fall, das gewissermassen einer «anderen Bühne» entspricht, auf die Freud in Verbindung mit dem Unbewussten verweist. Die Schauspieler «schreiten zum Akt», sie wagen es, unsere geheimsten Wünsche zu verwirklichen. Wir identifizieren uns mit ihnen, um «stellvertretend» das zu erleben, was uns der gesellschaftliche Anstand verbietet. Das westliche Theater transponiert eine Persönlichkeitsübertragung in den Vorstellungsbereich, die sich ursprünglich in Teilnahme und ritueller Besessenheit kundtat. Im griechischen Dionysoskult beschmierten sich die Anhänger mit Weinhefe oder sie bestrichen sich mit Ton, um Tote darzustellen. Dieser Zutritt zum Jenseits hat in einer gewissen Art im eigentlichen Theater seine Fortsetzung gefunden. Das griechische *Theatron* ist die entsakralisierte Weiterführung dieses zeremoniellen Raumes. Die Darstellung bleibt eine Art Kult, auch wenn das Theater aufhört, in die übernatürliche Welt der Geister und der Toten hineinzureichen. Die Universalität des Theaters mit all seinen kulturellen und geschichtlichen Varianten zeigt sehr wohl, dass es sich um eine spezifische anthropologische Funktion handelt, die sich wesentlich vom profanen täglichen Leben unterscheidet. Der reservierte Raum, Dekor, Musik, Beleuchtung, die vorausgehende Andacht, Konventionen aller Art, wie Schmuck, Masken und Schminke, die ganze Liturgie des Schauspiels also, zeigen sehr wohl die Trennung zwischen dem Raum des Theaters und dem Raum des Profanen.[48]

Man darf jedoch nicht vergessen, dass sich

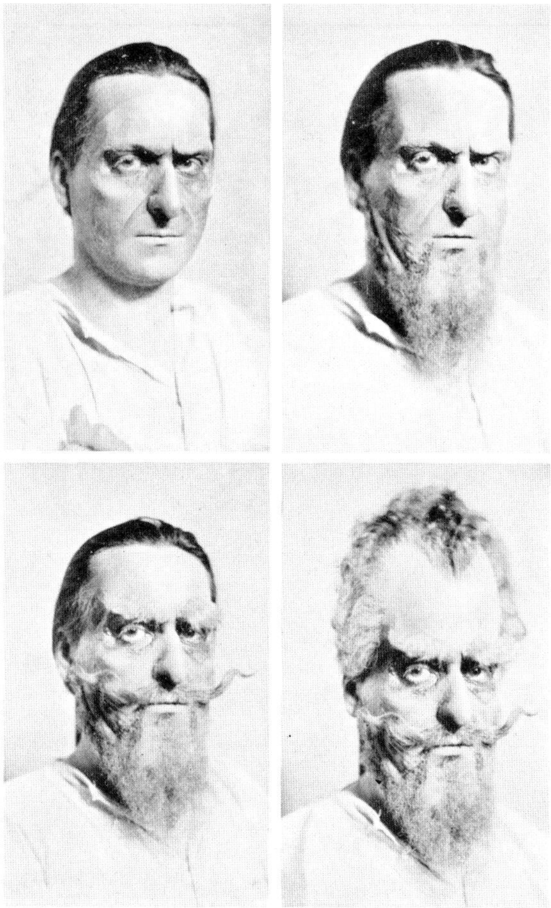

das Theater nie ganz aus seinen religiösen Ursprüngen befreit; denn würde es dies tun, hörte es auf, Theater zu sein.

Seine abendländische Geschichte ist die einer Lossagung, die doch nie vollzogen wurde, nicht einmal durch die realistische «Profanierung» – wie es die Entwicklung des Schmuckes beweist. Im Griechenland der klassischen Epoche war die Maske des Schauspielers neutral, ohne Ausdruck: Ihre Funktion war es, zu entpersonalisieren, zu depsychologisieren und sogar zu entfremden; der Schauspieler sprach dabei mit Grabesstimme. Aber in der hellenistischen Epoche gewinnt die Maske an Ausdruckskraft und an Pathos; sie trägt eine determinierte Psychologie zur Schau, und man kann darin bereits die Schminke erahnen. So naturalistisch diese auch sein wird, bewahrt sie doch weiterhin den Grad von Übertriebenheit, den die Rolle, das heisst das Doppel-Ich des Schauspielers, instituiert. Die Bühnenschminke wird nie vollständig ihre Ursprünge der rituellen Maske leugnen, den Brennpunkt des Übernatürlichen. Im Unterschied zum naturalistischen Schminken wird sie den feinen Hiatus (in bezug auf die natürliche Physiognomie) fortbestehen lassen, der die Übertragung der Identität erlaubt, indem sie ihren konventionellen Charakter offenbart. In der Tat würde in unserer Ideologie des Einzelindividuums der Wechsel des Aspektes, des Benehmens, der Stimme und der Persönlichkeit eine Grenzüberschreitung beinhalten, welche in die Kategorie der Psychiatrie fiele, beriefe sie sich nicht ausdrücklich auf die Freiheit des Thea-

Coluche im Theaterkostüm, 1978.

◁ *Verwandlung Cavendish Mortons in Don Quichotte.*

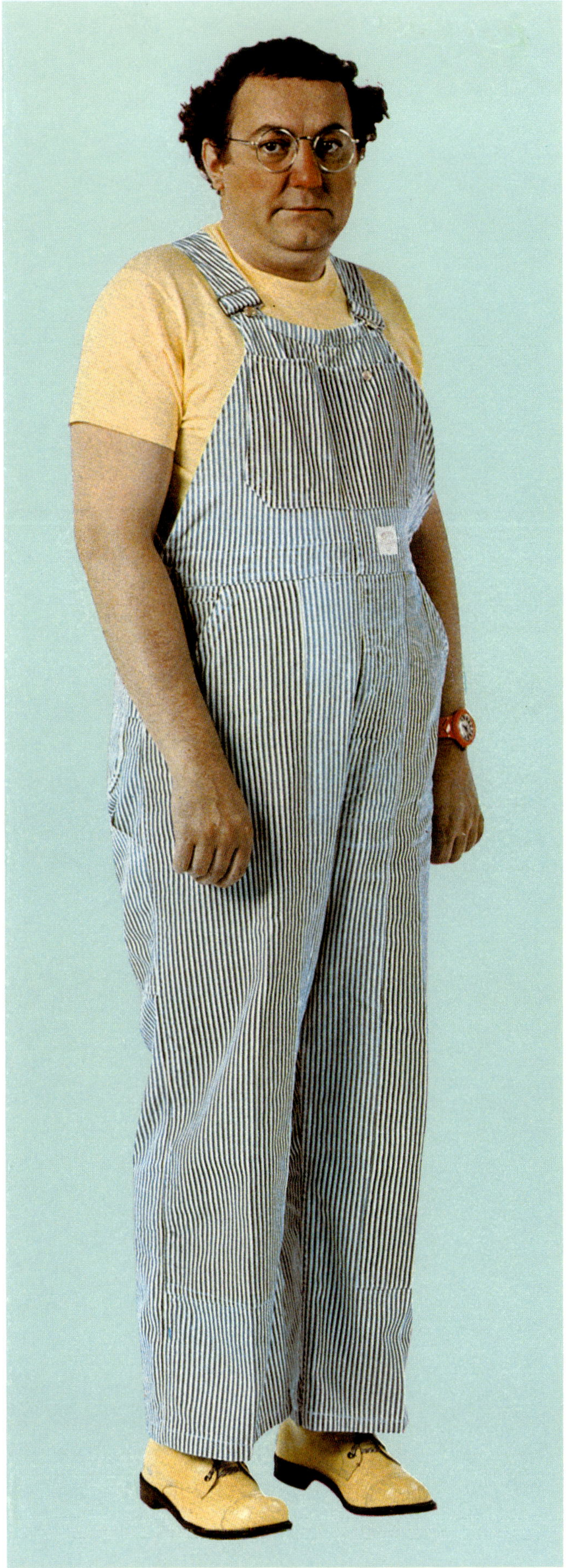

ters. Lange Zeit hat das Theater eine gesellschaftliche Randexistenz wie die Prostitution geführt, einem Zustand gleich, in dem man sich selbst nicht mehr angehört...

Jedenfalls wird diese Überschreitung nur geduldet, wenn sie in einem imaginären Raum eingeschlossen bleibt. Deshalb muss die Schminke des Schauspielers wie die der Prostituierten ihre Künstlichkeit offenbaren und sich von dem alltäglichen Schminken abheben, und sei es auch nur durch Verhöhnung. Mit anderen Worten, sie muss spektakulär das andere in einem Bereich der Fiktion erhalten. Sie entspricht dem «Es war einmal ...» der Märchen: Indem sie die Schwelle des Imaginären kennzeichnet, schützt sie die Übertretenden vor jedem realistischen Einbezug und macht so die Identifizierung des Zuschauers mit den Personen des Stückes möglich. Man muss natürlich den Grenzfall des realistischen Theaters ausnehmen, welches gegen die Mitte des 19. Jahrhunderts hin den imaginären Raum soweit niederreist, dass er mit dem Tagesablauf des Bürgers unter Louis Philippe zusammenfällt. Dieser fühlt sich im Theater wie in seinen Möbeln oder wie in seiner Junggesellenwohnung und begeistert sich an etwas, was für ihn die Sublimierung seines eigenen Lebens ist. Bereits im *Courrier du Théâtre* von 1836 denunziert der Kritiker Charles Maurice diese naturalistische Verflachung: «Man gab sich auf der Bühne natürlich, setzte sich auf Tische und Sessellehnen, legte sich beim Sprechen hin, drehte dem Publikum den Rücken zu, kämmte sich mit den Fingern, spielte ohne Schminke, trug Bart und Schnäuzer, kurzum, man spielte *Natur.*»[48] Die gleichzeitige Zurücknahme der Schminke, die sich mit dem einfachen Schminken des Städters deckt, zeugt von dem Charakter einer «unterdrückenden Ent-Sublimierung», welche den Raum des Theaters auf ihn selbst beschränkt, indem sie ihn von seinen geheiligten Ursprüngen löst. Deshalb antwortete auch das moderne Theater auf Boulevard und realistische Illusion durch eine Rückkehr zu den Quellen.

Antonin Artaud lehnt jeden Illusionismus ab und stützt sich dabei auf Vorstellungen des balinesischen Theaters, die er auf der Kolonialausstellung von 1931 sah. In *Le théâtre et son double* bemüht er sich, die szenischen Ausdrucksmöglichkeiten zu beleben, die der Naturalismus abgeschafft hatte (Tanz, Gestik, Intonation, Musik usw.), und körperlich die Sinne zu verzaubern. Grotowski schliesst sich dieser Bewegung der Umzentrierung an und orientiert sich mit dem polnischen Werktheater an dem orientalischen Theater; er verzichtet auf das Gepränge des bürgerlichen Theaters und verleiht den antinaturalistischen Mythen neues Leben. Mit Brecht und dem Berliner Ensemble enthüllt das Theater seine Strategie, um illusorische Vorspiegelungen zu verhindern. In diesem allgemeinen Kontext der Reaktivierung des primitiven Rituals gibt sich das Schminken wieder als das, was es ist, in seiner Magie, und trägt mit dazu bei, die *Aura* neu zu beleben, ohne die das Theater sein Wesen selbst verleugnete.

«La Belle» aus dem klassischen Theater Singapur.

Die moderne Bezugnahme zu den indischen, chinesischen und japanischen Theatern ist bezeichnend. Diese sind so tief in ihren religiösen Ursprüngen verwurzelt, dass sie deren Geist ständig mittragen und erneuern. Besonders das japanische Theater weist eine Entwicklung auf, die sich ohne Unterbruch auf die sehr alten Formen stützt; man kann es mit einer modernen Stadt vergleichen, die ihr architektonisches Erbe nicht zerstört, sondern mit einbezogen hat.[49] So reiht sich das Theater Nô, auch wenn es nicht mehr eigentlich religiös ist, in die Kontinuität magisch-ritueller buddhistischer Zeremonien ein, die *Kagura* («Zerstreuung der Götter») genannt werden und an denen maskierte Offizianten teilnehmen: Masken, Kostüme und Schminke verweisen in durchwegs konventioneller Art und ohne den geringsten Realismus auf die übernatürlichen Wesenheiten und gesellschaftlichen Typen. Ihre Funktion liegt nicht darin, die Individualitäten psychologisch zu charakterisieren, sondern sie von jeglichem naturalistischen Ausdruck zu befreien, so dass sich in der grössten strukturellen Strenge die kodifizierten Elemente (Gesten, Haltungen und klangliche Ausstrahlung) einer echten *Körperschrift* ausdrücken. Im Kabukitheater, das sich im 17. Jahrhundert zuerst in Kyoto, dann in Edo entwickelt, ersetzt das Schminken die Maske, an der es sich aber inspiriert. Das naturgegebene Gesicht wird erstmals ausgelöscht, indem man es mit einem weissen Puder bedeckt. Die anschliessend aufgemalten Zeichen sind einem streng nach den Regeln des Yin und Yang kodifizierten Repertoire an Mustern entnommen, was den Schauspieler jedoch nicht dar-

Seite 88:
Figur aus der Peking-Oper, 1983.

Kathakaligesichtsbemalung, Südindien.

Seite 89:
Schauspieler des Kabukitheaters, 1981.

Acht Typen von Gesichtsmalereien der Peking-Oper.

Figur des Kabukitheaters (Menschenfresserin).

an hindert, plastisch damit so frei umzugehen, wie ein Schriftsteller mit Wörtern spielt. Das Schminken ist Teil der konzentrierten Spannung vor Beginn der Aufführung und nimmt deren Verlauf in gewissen Sinne voraus, wie dies Masao Yamaguchi erläutert: «Das Schminken des Kabuki ist bereits eine Form der Interpretation des Schauspielers mit der Gesichtsoberfläche. Man wohnt der Entschlüsselung eines Dramas bei, die in der Graphie des Gesichtes vorgezeichnet ist.»[61] Man versteht die Faszination, die das japanische Theater in den fünfziger Jahren in Europa ausgeübt hat, besonders bei den ersten Aufführungen im Théâtre des Nations in Paris. Die Bühne fand den Charakter des geheiligten Raumes wieder und die Offizianten ihre übernatürliche Macht, denn sie führten einen ekstatischen Zustand herbei, der einen völligen Bruch mit dem westlichen illusionistischen Realismus bedeutete. Es ist bezeichnend, dass auch das Schminken seine magische Funktion als Rezeptakel des Übernatürlichen wiedererlangt und die natürliche Physiognomie absichtlich überschreitet.

Natürlich ist das Theater nicht der einzige Ort, wo die Schminke ihre Künstlichkeit und ihre Macht zur Übertragung bewahrt. Jedes Schauspiel führt prinzipiell zu einer derartigen Entpersönlichung, sei es nun Karneval, Music-Hall, Jahrmarkt oder handle es sich um Spassmacher jeglichen Kalibers. Auch der Zirkus als Erbe der mittelalterlichen Gaukler hat sich der naturalistischen Entwicklung des westlichen Schauspiels entzogen. Er stellt eine Art imaginären Reservats dar, welches einem kindlichen Verlangen und einer geheimen Nostalgie entspricht.

Freddy Cantarelli und Momo.
Cirque de Paris, 1979.

Spuggy, dummer August in Abendkleidung.
Festival von Monaco, 1978.

Für die Dauer einer Vorstellung verschafft er Zutritt zum Mysterium, zur Magie, zum Übernatürlichen, zum Monströsen. Die Tiere gleichen sich den Menschen an, und über die Dressur hinaus finden sie jene Rollen wieder, die sie in Mythen, Märchen und im Unbewussten spielen. Jongleure, Akrobaten, Zauberkünstler und Hellseher setzen sich über die Gesetze der Kausalität und der Schwerkraft hinweg und verwirklichen unsere kindlichen Vorstellungen von Allmacht.

Aber die faszinierendsten Zirkusgestalten sind zweifellos die Clowns, weil sie die archaischste aller Traditionen fortsetzen. Sie müssen ihre burleske Natur betonen, denn die Rollen, die sie spielen, entspringen nicht dem realen Leben, sondern der unwirklichsten Traumwelt. Ihr Anzug und ihre Grimassen haben dieselbe Funktion wie der Zoomorphismus in den Märchen: Sie dienen der Transposition und der Projektion, sie ermöglichen eine zeitweilige Aufhebung der beängstigenden Zwänge der Realität und bilden eine Zone, die dem Traum überlassen bleibt.

Die unbewussten Phantasien eignen sich um so besser für die Bühne, als sie durch ihre Unwirklichkeit vor jeder konkreten Einvernahme bewahrt sind. So empfände das Kind ein intensives Schuldgefühl, würde es sich über die teils grausamen Unglücksfälle des dummen August amüsieren, wenn nicht dieser seine Zugehörigkeit zum aussergesetzlichen Lager der Falschheit offen darlegte. Deshalb ist die Schminke des Clowns monströs übersteigert und mit der Körperbemalung der Wilden verwandt, das heisst von der natürlichen Physiognomie deutlich abgesetzt.

Der Harlekin ist ein Feenwesen, ungreifbar und idealisiert. Mit seinem Paillettenkostüm, das das Licht reflektiert, ist er wie von seinem eigenen Körper befreit. Sein kegelförmiger Hut beschwört die esoterische Wissenschaft der Astrologen oder der Alchimisten früherer Zeiten herauf. Seine weisse Schminke erhebt ihn zu einer abstrakten und entfleischlichten Instanz. Er ist das allwissende Phantom, welches das Streben des Menschen nach einem Weisheitsideal allegorisch versinnbildlicht. Mit anderen Worten: Er spielt in der psychischen Ökonomie «Seine Majestät das Ich». Der dumme August hingegen ist eine groteske Gestalt, Tölpel, Feigling und Aufschneider in einem, dessen falsche Nase, purpurrote Schminke, das unvermeidliche Lächeln und die struppige Perücke wohl die Unzucht verkörpern. Er personifiziert das Es, die Anarchie der Wünsche.[59]

Im burlesken Rollenspiel vom artigen Kind und vom Schlingel verkörpern Harlekin und dummer August die dramatischen Widersprüche der kindlichen Mentalität. Denn das Kind empfindet seine eigene Ambivalenz als Schuld. Das vernünftige Ich bekämpft den egoistischen Geniesser in sich. Der Ausgleich zwischen diesen antagonistischen Tendenzen ist noch nicht geschaffen – wenn er überhaupt möglich ist. Dieses Sichtbarmachen einer dualistischen Mischform von zwei unwirklichen und unversöhnlichen Personen bildet also eine Art beruhigende Legitimation: Es verkörpert die Möglichkeit, seine eigenen Widersprüche in einem Traumreich der Willkür zu leben, ohne eine reale Konsequenz tragen zu müssen (vielleicht liegt eben darin das Wesen des Theaters). Für die Dauer einer Vorstellung befreit sich das Kind von sich selbst und damit von seiner eigenen Ambivalenz, indem es sich mit diesen beiden temperamentvollen Personen identifiziert. Die damit verbundene seelische Erleichterung drückt sich in Gelächter und Jubel aus.

Auf diese Weise mag sich auch der Trieb des Kindes erklären, sich möglichst extravagant anzumalen. Es handelt sich dabei um eine Art instinktiven Widerstandes gegen eine Einordnung und ein Belegtwerden mit einer Identität, die unsere individualistische Kultur kennzeichnen. Nach Überschreiten des Spiegelstadiums entschliesst sich das Kind jedoch nicht dazu, sich des eindeutigen Bildes zu entäussern, das ihm der Blick der Erwachsenen zuschiebt. Es beharrt so gut wie möglich darauf, die anthropologische Fähigkeit seelischer Beweglichkeit und geistigen Nomadentums auszuüben, welche die erzieherische Dressur entmutigt, die aber in den primitiven Gemeinschaften kultiviert und in der Person des Zauberers oder des Schamanen instituiert wird. Das Schminken ist für das Kind die höchste Form, in einem spielerischen Kontext eine pluripersonelle Identität auszudrücken, die schliesslich der personalistischen Ideologie unterliegt. Wenn eine solche Veranlagung über die Kindheit hinausgreift und ausserhalb eines institutionalisierten Rahmens (wie dem des Schauspielers) weiterlebt, setzt sie sich sofort den therapeutischen Vergeltungsmassnahmen der Psychiatrie aus, die darüber in pathologischen und mangelhaften Begriffen Bericht ablegt und diese als Ausdruck einer Persönlichkeitsspaltung, einer Schizophrenie, eines halluzinatorischen Deliriums oder einfach als eine Labilität des Ichs abtut. Die Praxis des Schminkens ist denn auch in psychiatrischen Anstalten häufig anzutreffen, jedenfalls bis sie von der angeordneten Chemotherapie unterbunden wird.

Stéphane und Armand,
die Kinder von Alexis Gruss.
Cirque Gruss, Paris 1983.

Albrecht Dürer (1471–1528):
Der Zeichner und sein liegendes Modell.
Holzschnitt, um 1525.

Die Auferstehung des Fleisches

Die westliche Kultur betrachtet, als Erbin der griechisch-lateinischen Kultur, das Bild als eine Wiedergabe der Wirklichkeit. Seine stoffliche Substanz (Holzplatte, Leinwand, Papier usw.) muss hinter dem realistischen Blendwerk verschwinden. Der rechtwinklige Rahmen des Bildes ist willkürlich, denn er hat nichts mit dem effektiven Feld der Wahrnehmung zu tun. Auf diese Weise wird der imaginäre Raum abgetrennt und vor jeglichem Übergriff von aussen bewahrt. Der Rahmen begrenzt das Darstellungsfeld wie ein Fenster (daher seine rechtwinklige Form), und die abgegrenzte Oberfläche wird durchsichtig wie eine Scheibe. Der Betrachter wird dabei von der dargestellten Szene ausgeschlossen; ihm wird wie im Theater oder an seinem Fenster ein privilegierter, geschützter Platz zugewiesen, von wo aus er alles sieht, ohne einbezogen zu sein, gleich einem Voyeur. Der rechtwinklige Rahmen bedeutet also das Verdrängen der Körperlichkeit sowohl des Trägers als auch des Betrachters.

Auch die klassische Wissenschaft untersteht dieser Ideologie der Darstellung; sie geht die Natur von aussen an, wie einen Automaten, den sie beobachtet, nachdem er physisch aus dem beobachteten System herausgelöst wurde. Diese Darbietung der Welt als Schauspiel, dieses Aussenstehen des Experimentierenden und des Künstlers privilegieren die Wahrnehmung auf Distanz oder die optische Perspektive, genauer die planimetrische Projektion. Einen natürlichen Gegenstand zu beobachten bedeutet, sein Diagramm auf die Scheibe zu übertragen, die ihn vom Beobachter trennt.

William Blake (1757–1827):
Urizen kämpft in den Wassern des Materialismus.
Farbholzschnitt, Aquarell und Feder, um 1794.

Ohne die Trennung von Sehendem und Sichtbarem gäbe es keine Sichtbarkeit; es gäbe auch keine Darstellung ohne die Transparenz der Projektionsfläche. Velázquez hat dieses Phänomen in seinem Gemälde *Las Meninas* behandelt: Er gruppiert ein Spiegeldispositiv um das herum, was man paradoxerweise als dessen blinden Fleck betrachten könnte: den Betrachter, und unterstreicht so seine Verflüchtigung als leibhaftiges Wesen. Eine solche Ideologie der Darstellung schliesst die Körperbemalung prinzipiell aus: Die Hegemonie des Sichtbaren und ihre Berechenbarkeit durch die Perspektive verlangen die Verdrängung des Fleisches; denn im Fleisch gehen Mensch und Welt, Subjekt und Objekt, Sehender und Gesehenes ineinander über. Die Spiegelfunktion des Bildes bedingt also die Entfleischlichung des Subjektes, das sie begründet. Der bemalte Körper kann hierbei nur der dargestellte Körper sein, das heisst, seiner eigenen Substanz beraubt.

Die moderne Wissenschaft hat die Objektivität und die Beschaffenheit der natürlichen Prozesse in Frage gestellt und so den Betrachter aus seiner überragenden Position verdrängt. Er gehört nun zu dem betrachteten System. Als ein Wesen aus Fleisch und Blut wird er den Phänomenen unterworfen, die er zu beschreiben vorgibt. Als Geist, der denkt und formalisiert, muss er seine eigenen anthroposozialen Beschränkungen annehmen. Von nun an wird das Modell der projektiven Sichtbarkeit ungültig. Künstler und Gelehrte werden sich ihrer körperlichen und geistigen Inhärenz bewusst. Alle grossen Infragestellungen sind von der Wiedereinfügung des Menschen in die Natur ausgegangen. Diese Entwicklung zeigt sich in der Malerei, besonders bei den Romantikern, den Impressionisten und den Symbolisten, die die stofflichen Bestandteile des Gemäldes reaktivieren und mit der Homologie zwischen der äusseren Anatomie des Objektes und der eigentlichen, inneren Anatomie des Werkes spekulieren. Die Leinwand, ihr Korn, ihre Pigmentschicht, der Strich und der Auftrag werden lebendig und erzeugen ein taktiles Erfassen, welche die beschreibende Distanznahme kurzschliesst. Nach Jahrhunderten des projektiven Verdrängens scheinen die körperlichen Werte auf die Oberfläche der Leinwand zurückzukehren.

Es wäre vermessen, die Entwicklung der Kunst seit der Romantik in diesem Sinne zu interpretieren. Hier soll nur auf einige Werke verwiesen werden, die deutlicher als andere die Malerei zu ihrem ursprünglich körperhaften Träger zurückführen. Mit David und den Neoklassizisten findet sich von neuem die frontale Darstellung, die Frieskomposition, die Verminderung der Tiefe und der Sinn für die Flächigkeit. Die Oberfläche der Leinwand wird eins mit der Mauer oder der Tapete, die ihr höchstens als räumliches Alibi dienen. Die lineare Darstellung der Silhouetten bei David oder bei Ingres erinnert an die Rundung griechischer Vasen, an denen sie sich inspiriert hat. Das Bild reduziert seine Tiefe und fällt schliesslich mit der Oberfläche des Trägers zusammen; der Träger erhält seine greifbaren Werte zurück, die ihm genommen wurden. Jean Clay[66] hat auf den wegweisenden Charakter des Aquarells in England verwiesen, das die transparente Substanz des Trägers intensivierte. Das Aquarell benetzt und zerknittert das Papier; es spielt mit der Imprägnierung und der Kapillarität. Es ist eine Technik der Aussparung, denn was erscheint (vor allem Silhouetten), ist die Fläche, die vom Pinsel verschont geblieben ist. So spielt das Papier hier gleichzeitig die Rolle des Trägers wie auch die des Körpers.

Jacques-Louis David (1748–1825): Der Tod des jungen Barra. Unvollendet. Öl auf Leinwand.

Gustave Moreau (1826–1898): Salome tanzt vor Herodes oder «Die tätowierte Salome». Öl auf Leinwand, 1876.

Die Bedeutung des Aquarells für die Malerei wird bei Gustave Moreau besonders deutlich. Seine Technik zielt im wesentlichen darauf ab, den Bildträger zu erogenisieren, indem er ihn wie eine Körperfläche behandelt. So skizziert Gustave Moreau auf eine mit Bleiweiss grundierten Komposition durch Synthese oder, wie er selbst sagte, durch «fliessendes Kolorit». Bei diesem ersten Schritt spart er die Anatomien aus, um erst in einem zweiten Arbeitsgang mit der Zeichnung in diese weisse Lücke einzugreifen, die gleichzeitig Leinwand und Haut ist; darauf appliziert er mit Tusche ein Netz von Arabesken.[62] Darin liegt zweifellos die Ursache des Titels, den man einer Skizze gab: *Salome tanzt vor Herodes* oder *Die tätowierte Salome,* den man nachträglich wieder als falsch hinstellte. Spätere Skizzen und vor allem das endgültige Gemälde zeigen, dass das Netz aus Tuschefäden auf Salomes nacktem Körper ein durchsichtiges Schleiergewand und Schmuck an Armen, Hals und Brust darstellt. Diese Erklärung geschieht nachträglich und ist eine Art Rationalisierung und Legitimierung eines ursprünglichen Impulses, den nackten Körper direkt zu verzieren, wie es bei der Tätowierung geschieht. Auf der erwähnten Skizze haben die Lotosblüte auf der Brust oberhalb der apotropäischen Augen und die etruskischen Motive auf dem ganzen Körper nur graphische Funktion und rechtfertigen sich weder als Ornament noch als Bekleidung. Der Titel ist demnach nicht völlig irreleitend.

Die besondere Technik Gustave Moreaus besteht in einer Übermalung mit Arabesken, welche die Silhouetten nicht abgrenzen, sondern deren Oberfläche verzieren. Sie kann unter diesem Aspekt mit der Technik des Tätoweurs gleichgesetzt werden. Die revolutionäre Bedeutung dieser Trennung von Farbe und Form für die kommende Entwicklung in der Malerei ist bekannt.

Betrachtet man das Wiederaufleben der Körperbemalung im 20. Jahrhundert als eine «Wiederkehr des Verdrängten», so kann man dessen Ursprünge im Wien der Jahrhundertwende nachzeichnen. Diese dekadente, brodelnde Stadt – der Geburtsort der funktionellen Architektur, der Zwölftonmusik, der ungegenständlichen Malerei und der Psychoanalyse – ist ein wahrer Schmelztiegel der Moderne. In keiner anderen Stadt der Welt äusserte sich der Abstand zwischen einem starren, veralteten Formalismus und den turbulenten sinnlichen Forderungen einer wahrhaft wirren Vorstellungskraft so dramatisch und kulturell so wirksam wie hier. In Kunst, Literatur und Psychoanalyse spürt man das vom Körper und seinen Trieben ausgehende Beben, welches alle auferlegten Strukturen entstellt und zersetzt, die von nun an nur noch als geistiger Zwang erlebt werden. Der Wiener Hugo von Hofmannsthal beschreibt besonders eindrücklich den bis anhin latenten Anspruch des Körpers: «Ich habe die Fähigkeit, über irgend etwas nachzudenken oder zusammenhängend zu sprechen, vollständig verloren. Ich spüre einen köstlichen, unendlichen Widerstreit in mir und in meiner Umgebung; und unter den Elementen, die aufeinandertreffen, gibt es keines, in das ich nicht gleiten könnte. Dann habe ich den Eindruck, dass mein Körper einzig aus verschlüsselten Fähigkeiten besteht, die mir zu allem Zutritt gewähren. Oder dass wir in eine neue, geheimnisvolle Beziehung zu der gesamten Existenz treten könnten, wenn wir nur mit dem Herzen dächten. Doch wenn mich dieser seltsame Zauber verlässt, kann ich nichts mehr darüber sagen. Ich könnte auch nicht mit vernünftigen Worten ausdrücken, worin diese Harmonie bestand, die uns – die ganze Welt und mich – mit ihrem schwankenden Schweben durchdrang, noch wie ich sie zu spüren begann; auch könnte ich nichts sagen über die Zeichen der inneren Bewegung meiner Eingeweide oder der Stockungen meines Blutes.»[70]

Das letzte Gemälde Gustav Klimts ist für den Gegensatz zwischen unbewussten Trieben und kulturellen Konventionen besonders symptomatisch, denn es bezieht den Körper als Träger des Bildes unmittelbar mit ein.

Durch den Tod des Malers blieb es unvollendet und es verrät seine Entstehung wie in einem letzten Versehen. Die Darstellung zeigt ein nacktes Mädchen mit gespreizten Beinen und einem detailliert gemalten Geschlechtsteil, das Klimt mit einem Kleid aus ornamentalen Mustern zu übermalen begonnen hatte – ein Vorgehen, das sich auch in früheren Werken nachvollziehen lässt. Unter den unsinnigen Bergen von Kleidungsstücken, in die sich alle seine Gestalten und auch die umschlungenen Paare hüllen, unter dieser Schicht sichtbarer Farbe würde man vielleicht nicht die Leinwand, sondern nackte Körper, genauer, die erogenen Körperoberflächen finden, die mit dem Träger der Malerei identifiziert werden.[67]

Gustav Klimt (1862–1918):

◁ *Die Braut. Unvollendet.*
Öl auf Leinwand, 1917–1918.

Wasserschlangen.
Mischtechnik auf Pergament,
um 1904–1907.

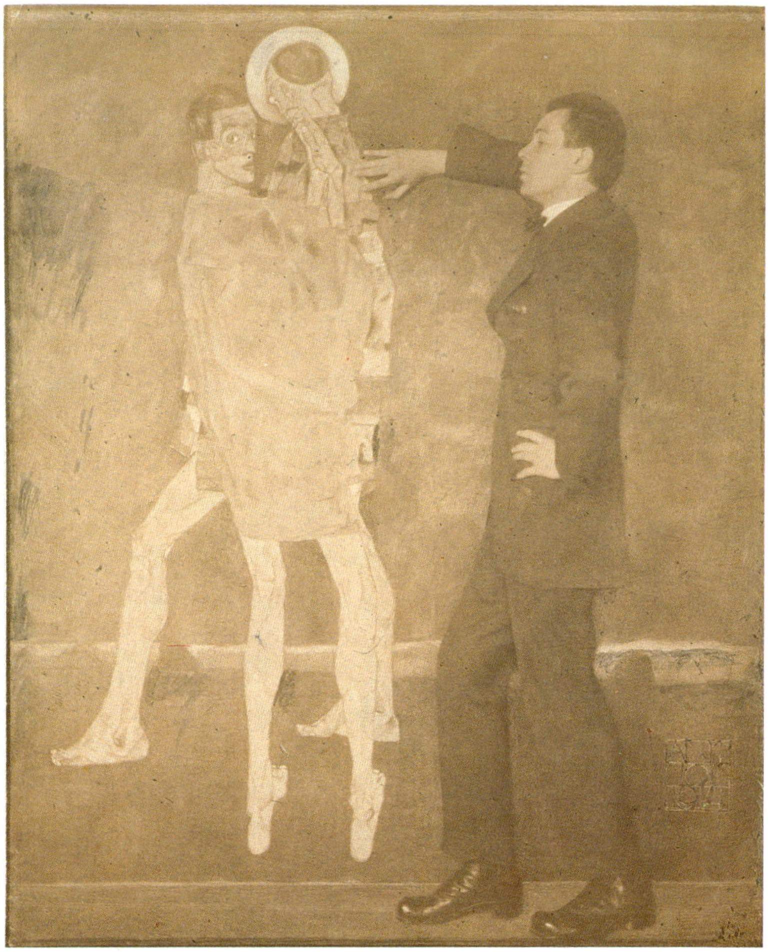

Schiele vor seinem zerstörten Gemälde «Begegnung», 1913. Fotografie von A. J. Trčka, 1914.

Bei Egon Schiele offenbart sich der Körper gleicherweise, sei er auf der Leinwand oder auf dem Papier. Es ist, als hätten die Modelle bereits eine flache Haltung gesucht; ihre Körper erinnern an Kindergesichter, die man aus dem Innern der Spielzeugläden gegen das Schaufenster gedrückt sieht, oder an Abdrükke, die direkt auf der Leinwand hinterlassen werden. Die Distanz zwischen Darstellung und Wirklichkeit löst sich auf, das Bild lebt sich aus im fleischlichen Kontakt von Körper und Papier. Daher Egon Schieles Vorliebe für das Aquarell, welches das Papier benetzt wie das Blut die Haut. Vorher hatte sich die Malerei nie in einem solchen Masse dem Körper genähert. Das obsessionell behandelte Thema der Masturbation betont gleichzeitig die sexuelle Handlung und bildnerische Ausdruckskraft des Körpers (wie man den Saft einer Frucht ausdrückt). Egon Schiele ist ein Maler-Voyeur, im perversen und im ästhetischen Sinn. Ein halbes Jahrhundert vor der Body Art gibt er sich physisch einem künstlerischen Abenteuer hin, das sich als Theater des Ichs mit exhibitionistischen und narzisstischen Komponenten zu erkennen gibt.

Sechzehnjährig vollzieht er mit seiner Schwester Gerti, zugleich seinem Lieblingsmodell, die Hochzeitsreise seiner Eltern nach und übernachtet in Triest in demselben Hotel wie sie.[68] «Haben die Erwachsenen vergessen, wie verdorben sie in ihrer Kindheit waren, fasziniert und gereizt vom Sex?» schreibt er in Freudscher Manier. Eine noch eindeutigere Vorwegnahme der Body Art lässt sich aus den Fotografien erkennen, die er Anton Joseph Trčka von sich machen liess und die er mit Gouache übertönte. Da erscheint er verrenkt, der Körper von vorn, der Kopf im Profil, so als wollte er sich ägyptischen Vorbildern beugen. Schiele hat die planimetrische Reduktion der Darstellung vorweggenommen, indem er ein physisches Abflachen des Körpers durch dessen Verschmelzen mit der Papierfläche herbeiführte. Über diese Technik kam er zur Gouache.

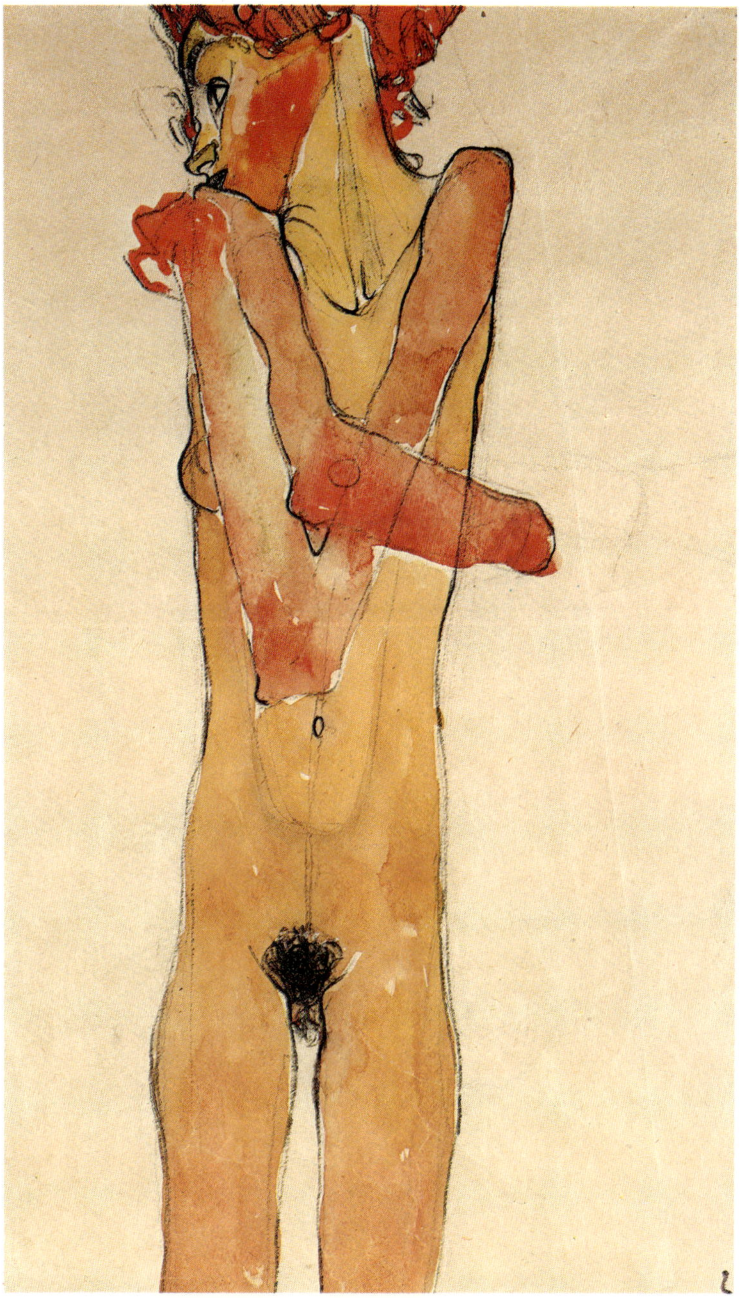

Egon Schiele (1890–1918):

◁ ***Selbstbildnis, masturbierend.***
Bleistift und Aquarell, 1911.

△ ***Akt (Gerti Schiele).***
Kohle und Aquarell, 1910.

Paul Klee (1879–1940):
Liebeslied bei Neumond.
Aquarell auf Jute, 1939.

Unter den modernen Malern, die sich mit der Oberflächensensibilisierung des Bildträgers beschäftigten, steht Paul Klee an erster Stelle. «Das Kunstwerk ist zuerst einmal Entstehung», schreibt er, «man erfasst es nie ausschliesslich als Produkt.» Klee operierte mit den ungewöhnlichsten technischen Mitteln, um den Bildträger zu beleben und das Material durch Imprägnierung, Pigmentierung, Korn, Beschlag und Riefelung zu sensibilisieren. Die überlegene, willkürliche Hand des Künstlers sollte hinter einer fast physiologischen Konkretisierung der lebenden Leinwand verschwinden. Er wollte die stofflichen Bestandteile des Gemäldes «genauso beweglich machen wie die grosse Natur», das heisst das lebendige Gemälde seine eigene Entstehung verdeutlichen lassen, indem es bildhafte Zeichen hervorruft, die ihm nachträglich erst den Titel geben. Deshalb muss Klees *Credo* wörtlich genommen werden: «Wie der Mensch, so hat auch das Bild ein Skelett, Muskeln und eine Haut. Man kann von einer Anatomie des Bildes sprechen. Ein Bild mit dem Thema *Der nackte Mensch* muss nicht entsprechend der menschlichen Anatomie, sondern derjenigen des Bildes dargestellt werden.»[71] Hier zeigt sich deutlich, wie der Bildträger wieder mit stofflichen Qualitäten beliehen wird, die ihm eine hundertjährige Tradition genommen hatte. Und wenn man ein Wortspiel nicht fürchtete, wäre man versucht, die Sklerodermie, an der Klee starb, der langsamen Übertragung seiner eigenen epidermischen Sensibilität auf das Fleisch des Bildes zuzuschreiben (man denke hierbei an Edgar Poes Erzählung «The oval portrait»). Das Bild als magisches Objekt hätte seine Ansprüche wieder geltend gemacht und seinem Urheber das Blut ausgesaugt.

Yves Klein geht noch einen Schritt weiter. Der grundlegende Impuls seiner Malerei geht von einem Unbehagen gegenüber dem System der Darstellung aus. «Vor jedem Gemälde, das lebt und spricht, verspürte ich das Gefühl, eingesperrt zu sein; und hinter den Gittern, die die Zeichnung errichtete, sah ich das Leben in einer farbigen, freien und wahren Welt», schrieb er in *Dimanche* (*le journal d'un seul jour*, Paris, 27. November 1960).

Von nun an hat er die Absicht (die vielleicht utopisch ist), Kunst und Leben zu verschmelzen, der Wirklichkeit die Unterschrift des Künstlers aufzusetzen, als ob er mit dieser Geste die Welt erneut verzaubern, ihr ihre «Aura» wiedergeben könnte, um so eine neue symbolische Ordnung zu schaffen. Vielleicht wird man aber unter diesem zur Schau gestellten Ehrgeiz die Ironie eines Künstlers spüren, der weit ernüchterter ist, als es den Anschein hat. Wie grillenhaft dies auch in einer Ära der Massenkultur erscheinen mag, so beabsichtigt Yves Klein, Jahrhunderte der Objektivierung und der Spezialisierung der Kunst abzuschaffen und zu einer «nicht losgelösten Schöpfung zurückkehren» (Antonin Artaud), kurz, die Kunst allgegenwärtig zu machen: «Es genügt nicht, zu sagen oder zu schreiben: Ich habe die Problematik der Kunst überschritten. Man muss es auch getan haben. Und ich habe es getan. Für mich ist Kunst heute nicht mehr Funktion des Auges, sondern Funktion des einzigen, was uns an uns selbst nicht gehört: unseres LEBENS.»[76] Die Kunst, die sich auf das Leben ausdehnt, muss demnach aufhören, objektiv zu existieren: Yves Klein zieht daraus die logische Folgerung: Anlässlich seiner berühmten «Exposition du Vide» in der Galerie Iris Clert in Paris von 1958 sind alle Wände leer, umgewandelt in eine «Zone der unstofflichen pikturalen Sensibilität».

Ės ist kein Zufall, dass die Malerei, von der trotz allem noch gesprochen wird, kurz nach dem Kriege in die Monochromie mündete. Es handelte sich darum, die projektive Distanz durch die Aufhebung jeglichen graphischen oder stofflichen Hinweises, jeglichen gegenständlichen Anhaltspunktes und durch die Auflösung des Ichs und seiner Abgrenzungen zu reduzieren: «Durch die Farbe spüre ich die komplexe Identifizierung mit dem Raum.» Als Anhänger der Rosenkreuzer, dann des Zen-Buddhismus und schliesslich eines

Yves Klein bei der Vorbereitung eines Modells für die Anthropometrie ANT 15, 1960.

orientalisierenden mystischen Eklektizismus hat Klein dieser pikturalen Abflachung der dargestellten Szene und dem Eintauchen des Betrachters in einen irrealen Raum die Richtung einer absoluten Askese gegeben. Die reine Farbe vertritt das Sein und/oder das Nichts. «Ich malte monochrome Flächen, um zu sehen, mit eigenen Augen zu *sehen,* was am Absoluten sichtbar war.» Durch die Farbe *nimmt* das Absolute *Gestalt an* – bevor es sich in den Körper-*Abdrücken* tatsächlich verkörpert. Diese unobjektive Askese konnte sich nur mit Hilfe des unstofflichsten und am wenigsten fassbaren Pigments in der Form einer industriellen Vinylemulsion konkretisieren, die mit der Rolle aufgetragen wurde. Zudem, seit 1956, verwendete Yves Klein das Blau, das ihn bekanntmachte, die Farbe des Himmels, des Meeres, des Unendlichen. Blau entzieht sich besser als jeder andere Farbton der perspektivischen Sicht, löst die Umrisse auf, überschreitet seine eigenen Grenzen, begünstigt optische Mischungen, erfüllt und vereinigt. Cézanne wählte es unter Missachtung jeglicher naturalistischen Wahrheit, um die Umrisse der realistischen Darstellungsweise zu neutralisieren.

1958, noch zur Zeit seiner blauen Monochromien, schuf Yves Klein auf einer Abendgesellschaft bei Robert Godet ein einfarbiges Bild mittels eines mit blauer Farbe bestrichenen Modells, das über ein auf dem Boden ausgebreitetes Blatt Papier kroch. Bis 1962 wird der Maler das gebrauchen, was er «lebende Pinsel» nennt, und die grosse Serie der *Anthropometrien* (Abdrücke auf Papier) und der *Schweisstücher* (Abdrücke auf Leinwand) schaffen. Das Vorgehen besteht darin, dass ein weibliches Modell von den Knien bis über die Brust mit frischer Farbe bestrichen wird und auf einem auf dem Boden ausgebreiteten oder an der Wand befestigten Blatt Papier seinen Abdruck hinterlässt.

Der Abdruck kann statisch oder dynamisch, positiv oder negativ sein; das Modell dient als Schablone, wenn der Körper durch Vaporisieren der Farbe silhouettiert wird.

Yves Klein (1928–1962):
ANT SU 21, 1960.

Nagasaki, Japan.
Schatten einer Leiter und eines menschlichen Körpers nach der Atombombenexplosion.

Wir haben es hier noch nicht mit Körperbemalung im eigentlichen Sinne des Wortes zu tun, denn noch sind Leinwand und Papier die Depositäre des bildnerischen Vorgangs. Doch sind alle Faktoren der *Anthropometrien* und *Schweisstücher* dazu bestimmt, einer ästhetischen Objektivierung zuvorzukommen, die eine zweidimensionale Darstellung bevorzugte und die ihre körperliche Entstehung vergessen liesse. Der «lebende Pinsel», der die traditionellen Malutensilien ersetzt, wird mehr als nur ein Werkzeug. Er verdrängt geradezu das plastische Geschehen, um es sich (im eigentlichen Sinn) *einzuverleiben*.

Und doch immaterialisiert sich dieser «lebende Pinsel» als greifbares Objekt oder gar als *Werk*. Die Sichtbarkeit soll nur noch als kommunikative Notwendigkeit bestehen, die den Betrachter zu einem körperlichen Erfassen bringt.

Klein bemüht sich, der Präsenz des Körpers Nachdruck zu verleihen, und hebt die sexuellen Körperteile hervor, wie Brüste, Bauch und Schenkel. Arme, Beine und Gesicht werden ausgelassen, und nur der Mund hinterlässt manchmal Spuren von Lippenstift. Manche Schweisstücher sind Abdrücke des Zwischenschenkelbereiches eines Modells auf einem zylinderförmigen Träger.

Die Abdrücke zeugen von der «Auferstehung des Fleisches», wie Klein es formuliert. Der Körper schliesst sein eigenes Spiegelbild kurz, indem er den plastischen Prozess in eine Art Chiasmus umkehrt. Er wird wieder Träger und nimmt in dieser Eigenschaft jene Spur wieder auf, die er vor 30 000 Jahren verloren hatte. Er findet sozusagen seine eigene imaginäre «Aura» wieder. Man kann begreifen, dass die Herstellung der Abdrücke zu einer Art Zeremonie wurde. Die wichtigste Reihe der *Anthropometrien* entstand am 9. März 1960 in der Galérie internationale d'art contemporain in Paris vor einem Publikum, das andächtig dem Klang einer *Eintonsinfonie* lauschte, die von zwanzig Musikern ausgeführt wurde. Der Text von Pierre Restany auf der Einladung spiegelt den rituellen Charakter einer solchen Malerei wider (auch wenn diese Ritualisierung nostalgisch sein mochte): «Die blaue Geste, die Yves Klein auslöst, durchläuft vierzigtausend Jahre moderner Kunst, um die anonyme Spur in der Morgenröte unseres Universums wiederzufinden, die, in Lascaux oder Altamira, das Erwachen des Menschen zum Bewusstsein seiner selbst und der Welt bedeutete.»

Wie steht es um diese Suche nach einer verlorenen Mythologie? Handelt es sich um lächerliche Trugbilder oder um eine echte rituelle Auferstehung? Der Widerspruch zwischen Yves Kleins idealistischen Glaubensbekenntnissen und dem Werbegenie seiner modernen Leistungen überrascht. Aber man sollte in seiner Beurteilung nicht zwischen Naivität und Durchtriebenheit wählen, denn das Werk tut sich selbst als ein bezeichnendes Schwanken zwischen diesen beiden Polen kund. Es zeugt von der «Versuchung des Orients», die die nachindustrielle Gesellschaft kennzeichnet.

Die Suche nach einer verlorenen Sakralität könnte nicht in einer wirklichen Wiedergeburt des Ritus zum Ausdruck kommen, sondern nur in einer Parodie; und die lächerliche Vernissage, zu deren inspiriertem Priester sich Yves Klein ernannte, ist eine solche Parodie. Betrüger oder Betrogener? Es ist das Privileg des Künstlers, die Extravaganzen und Entfremdungen seiner Zeit übertrieben darzustellen, ohne in ethischer oder ideologischer Hinsicht Partei ergreifen zu müssen.

Yves Klein (1928–1962): ANT 85, 1960.

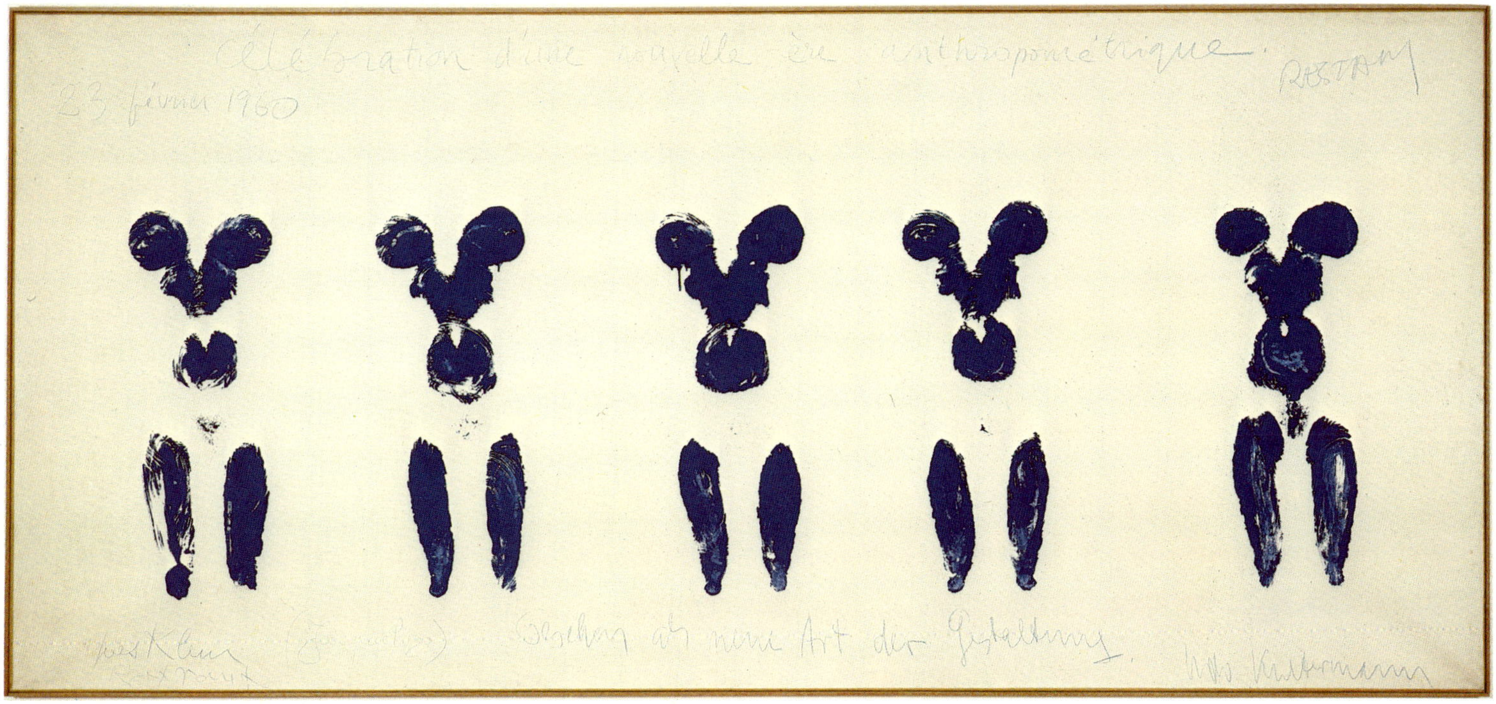

Andy Warhol (1930):
Liz.
Serigraphie auf Leinwand, 1962.

Die künstlerische Nachwelt wird retrospektiv die Reichweite des Abenteuers bestimmen. Wie steht es nun um diesen entblössten Körper, der sich nach Jahrtausenden erneut in sinnlichem Hautkontakt mit der Leinwand der pikturalen Weihung darbietet? Es handelt sich keineswegs um den «blöden Körper» der Wilden, der durch die blutige Initiationsprobe dem Tierhaften entrissen wird. Es handelt sich auch nicht um den Körper des Täuflings, dem die Gnade Gottes eine kanonische Vollkommenheit verliehen hat. Der glorifizierte Körper des westlichen Humanismus hat sich eigentlich nur den Verstümmelungen, Narbenzeichnungen und rituellen Tätowierungen entzogen, um sich an einem Modell auszurichten, das vielleicht noch mehr Gesetze befolgen muss und welches die Pop Art ironisch interpretiert. Wofür interessiert sich die moderne Akademie eines Tom Wesselmann, Andy Warhol, Roy Lichtenstein und Mel Ramos? Nicht eigentlich für die Entfaltung des fleischlichen Körpers, sondern für sein wappenmässig kosmetisiertes Äusseres mit Schminke, Haarfarbe, Bräunung, Bodybuilding und dem appetitzügelnden Apfel, also für alle Rezepte, welche von der Verbrauchergesellschaft in den Dienst an der Schönheit und an der «Natürlichkeit» gestellt werden. Der weibliche Akt als eigentlicher Garant für das anatomische Naturgesetz ist nie so «historisch» erschienen. Die Frau, von der Wesselmann träumt, ist «dunkel und dennoch blond»; wie nackt sie auch sei, immer trägt sie ihren Bikini wie eintätowiert unter der Bräune; sie lächelt mit Marilyn Monroes Mund und posiert mit Jayne Mansfields Massen. Vor allem vermeidet sie jeden Blick, jedes Mienenspiel, jedes Zeichen von Intelligenz, das auf ein eigenes Ich hinweisen könnte. Die Physiognomie ihres Körpers löst sich in erektile sexuelle Embleme auf, das heisst in Teilobjekte mit kontrolliertem erotischem Effekt. Sie symbolisiert einen Zerfall des Organismus und nimmt uns so jede Furcht vor einer menschlichen Beziehung.

Nachdem Yves Kleins lebende Pinsel ihre

Tom Wesselmann (1931): Great American Nude, Nr. 57. Polymer auf Karton, 1964.

letzte Spur hinterlassen haben, verliert sich der weibliche Körper mit der Pop Art schliesslich in seiner eigenen Medienerscheinung, ohne dass auch nur ein Rest von ihm übrigbliebe. Der gemalte Körper entspricht nicht dem Körper, der durch die Farbe dargestellt wird, denn es gibt keinen greifbaren Bezug mehr; es ist auch nicht der mit Farbe beschichtete Körper, denn die Verfälschung trägt «Naturnähe» zur Schau; es ist der gespiegelte Körper, der sich gewissermassen durch sein normatives Bild hat aussaugen lassen, so dass er sich wie eine Luftspiegelung verflüchtigt. Diese Art der imaginären Übertragung wird in Andy Warhols Porträtserigraphien besonders deutlich. Was sieht er im Gesicht Elizabeth Taylors oder Marilyn Monroes? Schminke, Lippenstift, gefärbte Haare – eine bemalte Oberfläche, die sich in ihrer Natur nicht von der Malerei selbst unterscheidet. Das Porträt ist nur die Wiedergabe von Abdrücken, als hätten sich Elizabeth Taylor und Marilyn Monroe mit dem Bildnis ihres Wesens berauben lassen. Ist es ein Zufall, dass sich Marilyn Monroe schliesslich umbrachte? Die Modelle werden ihrem eigenen Medienbild entfremdet. Ihr ikonischer Doppelgänger geht ihnen gewissermassen voraus.

Andy Warhol beschränkt sich nicht darauf, den Spiegelcharakter seiner Modelle zu betonen. Er unterstreicht nicht ohne eine gewisse Perversion das Zustandekommen des Bildes, um die Strategie der Darstellung hervorzuheben, indem er die Kontraste verschärft, die Schatten sättigt, die Lichter bleicht, die Farben steigert und die Formen vierfarbig verzerrt.

Roy Lichtenstein (1923):
The melody haunts my reverie.
Serigraphie.

Bezeichnend ist auch das Vorgehen der Vervielfältigung, das den *serienmässigen* Charakter des Bildes unterstreichen soll. Die standardisierte Massenproduktion beschränkt sich nicht mehr auf ein Objekt, die Persönlichkeit des Menschen wird aufs Spiel gesetzt. Geht das Abbild seinem Bezugsobjekt voraus, kann es nicht mehr nur ein einziges Original geben.

Auch Roy Lichtenstein stellt Menschen dar, die bereits die Verkörperung des imaginären Wesens sind. Dabei arbeitet er mit künstlichen Effekten, die die Wirklichkeit simulieren. Bei ihm nimmt die Desillusionierung die Form einer kühnen Tautologie an: Seine Malerei ist gegenständlich und stellt doch nichts Reales dar, weder Natur noch Objekte noch Personen. Es sind nichts als Bilder, die sich auflösen. Mehr und mehr verschiebt sich der Ausdruck «gemalter Körper» vom imaginär gewordenen Körper auf sein Bild, das nicht Replike sondern Norm einer jeden Körperlichkeit geworden ist. Trotz ihrer offensichtlichen und spektakulären Rückkehr zur gegenständlichen Darstellung arbeitet die Pop Art konzeptuell ganz gegensätzlich zur klassischen Malerei. Diese sucht im menschlichen Wesen die fleischige Substanz, das Innenleben, das Inkarnat, die taktilen Werte darzustellen – alles, was sich hinter der durchsichtigen Pigmentschicht versteckt. Die Pop-Maler hingegen bleiben an der Körperoberfläche und zeigen, dass diese bereits wie ein Wappen bemalt ist, dass sie bereits repräsentativ ist, dass sie der Malerei in der Malerei vorausgeht, dass sie diese überflüssig, lächerlich und gleich einer Membrane macht, die, schleift man sie ab, die Schuppenbildung des eindimensionalen Menschen noch beschleunigt.

Die Vinylfarbe hingegen blättert nicht ab. Die Malerei hat Paul Klee demnach nur um einige Jahrzehnte überlebt, um ihrerseits an Sklerodermie zu sterben.

Auf der Suche nach Transzendenz muss sich der Künstler von nun an auf seinen eigenen Körper beschränken, um ihm das zu entreissen, was ihm an immanenter Bedeutung verbleiben könnte. Dies trifft für den Wiener Arnulf Rainer zu, der sich noch mittels Bildern ausdrückt und deshalb nicht im eigentlichen Sinn zur Body Art gerechnet werden darf, auch wenn ihr sein Werk nahesteht. Arnulf Rainers Arbeiten sind um so bedeutsamer, als sie in einem kritischen Augenblick geschaffen werden, in welchem der Künstler ganz allgemein zum Bilderstürmer wird und wie in einer dramatischen Reaktualisierung des *Spiegelstadiums* sein eigenes Bild angreift. In den sechziger Jahren fordert Rainer seinem Gesicht und seinem Körper übersteigerte Ausdrücke durch Grimasseschneiden, Gestikulieren und heftige Verrenkung ab, die er in fotografischen Momentaufnahmen festhält. Da er aber um die spezifische Zensur weiss, die das Objektiv auf die solchen Arbeiten vorangehende nervöse Spannung ausübt, greift er in einem zweiten Arbeitsgang durch gestische, aggressive Striche in das fotografierte Bild ein, als würde er seinem Gesicht Schmisse versetzen. Daraus resultieren ver-

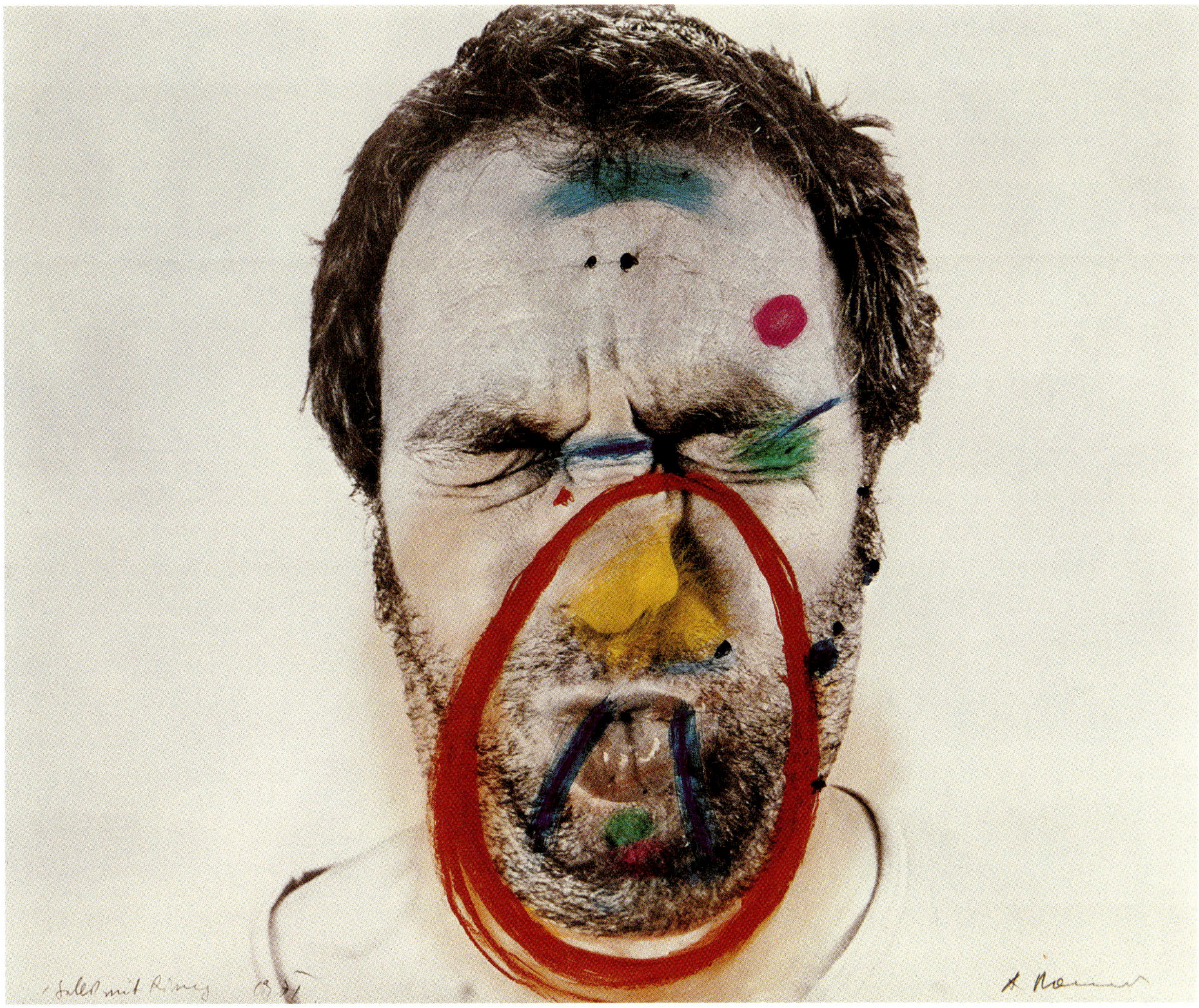

Arnulf Rainer (1929):
Mit Ring.
Kreide und Farbstifte auf Foto, 1971.

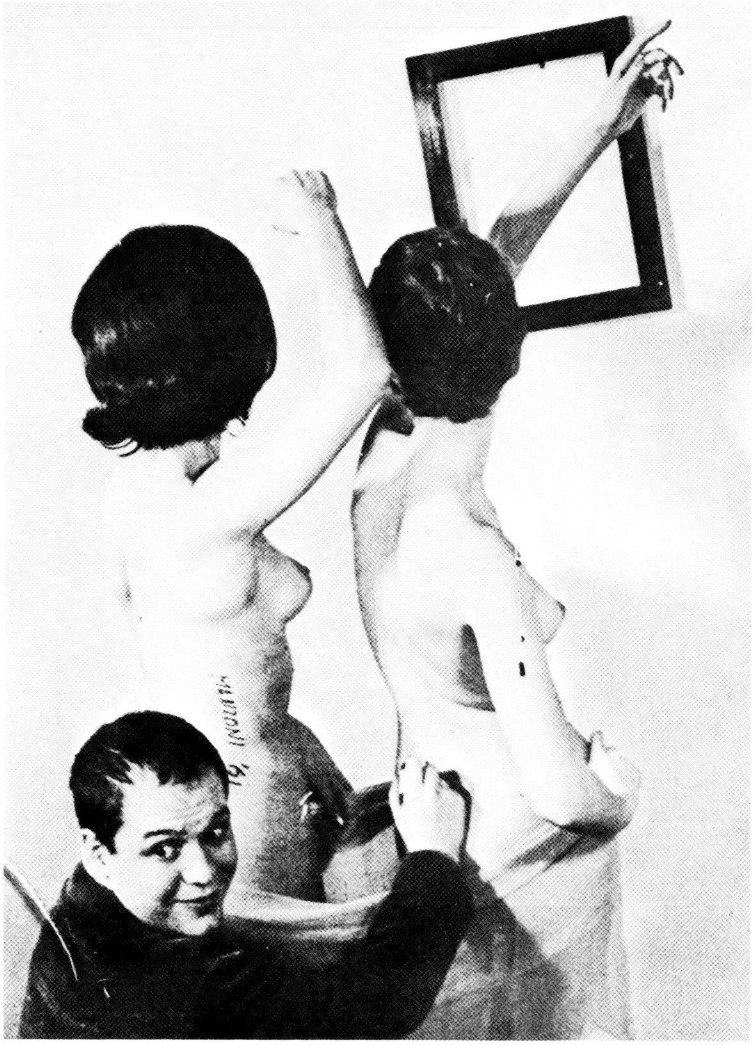

Piero Manzoni (1934–1963):
Lebende Skulptur, 1961.

wirrende Zweideutigkeiten zwischen dem, was aus dem zur expressiven Oberfläche gewordenen Körper hervorgeht, und dem auf die Substanz fleckigen Papiers reduzierten Bild. Mittels der *camera obscura* setzt sich Arnulf Rainer kämpferisch aus, als wollte er die imaginäre Szene niederreissen, die Distanz der Darstellung auf Null reduzieren und bei lebendigem Leib eine Verbindung zwischen Körperhaut und Filmstreifen herstellen. Einerseits mobilisiert er alle imaginären Kräfte seines Körpers, andrerseits schabt er das Bild ab, bis es unkenntlich wird. Und doch erreicht er nicht wirklich, dass sich Reales und Imaginäres überschneiden, es gelingt ihm höchstens, ihre ontologische Unvereinbarkeit noch zu verstärken. Was entsteht, ist eine ohnmächtige Wut und vielleicht ein geheimer masochistischer Jubel aus dem rasenden Verlangen nach einem spiegelbildlichen Zusammenfallen mit sich selbst.

Eine solche Zweideutigkeit ist für die Body Art im allgemeinen charakteristisch, denn sie ist immer eines doppelten, widersprüchlichen Kommentars fähig: Neben triumphierender Rückkehr zum eigenen Körper steht die selbstzerstörerische Provokation. Wie beispielsweise soll man Piero Manzonis 1962 in der Galleria d'Arte Moderna in Rom ausgestellte lebende Skulpturen beurteilen? Es handelte sich dabei um nackte Modelle auf Sockeln, die mit der Unterschrift des Künstlers unten am Rücken signiert waren. Muss man daraus schliessen, dass sich die Kunst mit Hilfe dieser menschlichen *ready mades* wieder mit der Wirklichkeit aussöhnt, nachdem sie sich jahrhundertelang unter das Zeichen der Mimesis gestellt hatte?

Der Künstler verschmäht den traditionellen, beglückenden und vermarktbaren Anspruch auf das Kunstwerk und neigt dazu, das künstlerische Phänomen auf den Körper selbst zu verlagern, insbesondere auf seine eigene Person. Hierbei identifiziert er sich existentiell in solchem Masse mit seinem Werk, dass nichts Objektives davon übrigbleibt, es sei denn jene berühmten *merdes d'artistes,* die Manzoni in Konservendosen abfüllte, als Zeichen einer endgültigen Verbannung der Kunst.

Die Body Art radikalisiert in dieser Hinsicht den Geist des *Happening,* zu dessen Vertretern auch Manzoni gehört. Das Happening will den Graben zwischen Kunstproduzenten und Kunstverbrauchern auflösen und beschwört, nicht ohne eine gewisse Nostalgie, die mythischen Zeiten herauf, als die symbolische Handlung die Mitglieder einer ethnischen Gruppe auf dem Festplatz vereinigte. Diese ephemere, zeremonielle Handlung findet heute nur noch im Kreis gewisser ästhetischer Gruppen und im eigens dafür geschaffenen Freiraum der Kunstgalerie statt und erfährt eine Form der konzentrierten Darstellung in Manzonis Konserve ...

Was ist ein Happening anders als die Apotheose der Vernissage, einer der letzten überlebenden Riten der nachindustriellen Gesellschaft, ein kapitalistischer Versuch, den künstlerischen Prozess bis zu seiner (beinahen) Auflösung zu parasitieren. Das ist zweifellos auch das, was Joseph Beuys in seiner Weise mit *How to explain pictures* aussagen möchte, indem er mit vergoldetem Gesicht einem toten Hasen die Malerei zu erklären vorgibt.

So kann man auch nicht ohne gemischte Gefühle die Beweihräucherungen der Body Art empfinden, die das Wiederfinden von Kunst und Leben, Realem und Symbolischem, Sozialem und Rituellem feiert. Die Künstler spekulieren gewissermassen mit dem Fetisch Kunstwerk, dem musealen Zeremoniell und der Priesterrolle, die ihnen auferlegt wurde, damit sie das Geweihte in die Gesellschaft zurückfliessen lassen, das diese in die Welt der Kunst abdrängen wollte. Gewiss vermag die Body Art eine Vorstellung von dem magischen oder religiösen Zeremoniell der wilden Gemeinschaften mit ihren Initiationskomponenten aus Erotik und Leiden zu vermitteln – aber dies kann nur in emphatischer oder parodistischer Form geschehen, da ein echter Bezug verlorengegangen ist. Denn

Joseph Beuys (1921):
Wie man einem toten Hasen die Malerei erklärt.
Aktion, 1965.

Enrico Job (1934): Il Mappacorpo, 1974.

ohne Transzendenz kann es kein Zeremoniell geben, ohne Glauben keine Magie, ohne gesellschaftlichen Konsens kein Ritual. Im Kontext einer Vernissage ist Initiation nur für die *Spitzenstars der Kunst* möglich. Und was bei solchen Anlässen noch vom wilden Denken durchscheint, macht dieses «paradise now» um so lächerlicher, ironischer, rasender und ernüchterter. Die Ausführenden wissen sehr wohl, dass sich die Geschichte der Kunst oder deren Vorgeschichte - wie ja Geschichte überhaupt - nicht wiederholt, es sei denn als Farce. Man würde diese Künstler herabwürdigen, wenn man sie als Opfer ihrer eigenen Trugbilder hinstellte. In Wahrheit kehrt sich dieser Bezug zum Körper um: In den wilden Gemeinschaften wurde die Zeichnung auf den Körper des «nackten Affen» aufgetragen, um ihn der Natur, dem Tierhaften und der Bedeutungslosigkeit zu entreissen und ihn der symbolischen Ordnung zu weihen; in der Body Art hingegen wird die Zeichnung auf den glorifizierten Körper des westlichen Humanismus in einem entweihenden Sinn angebracht.

Die Künstler der Body Art ergreifen bewusst die Partei des Schlimmsten und beschleunigen so den Prozess der «repressiven Entsublimierung» (Marcuse), die der technisch orientierten Wettbewerbsgesellschaft eigen ist. So hat Enrico Job sozusagen die Kartographie seines eigenen Körpers hergestellt, in Vierecke zerlegt, vermessen, in tausend methodisch fotografierte Parzellen unterteilt, die schliesslich wie ein Anatomieatlas wieder zusammengesetzt wurden - ein merkwürdiges Gegenstück zu den Tätowierungen, die die Caduveofrauen auf Claude Lévi-Strauss' Bitte hin auf Papier übertragen hatten.[27] Gina Pane fordert das Publikum durch die provokative Manifestierung ihrer biologischen Funktionen heraus, ihres Blutes, ihrer Menstruation, ihrer Schmerzen. Sie isst öffentlich verdorbenes Fleisch, schlitzt sich den Körper mit einer Rasierklinge auf und verbrennt sich Füsse und Hände an Feuerstellen, die mit Alkohol im Sand gezündet werden.

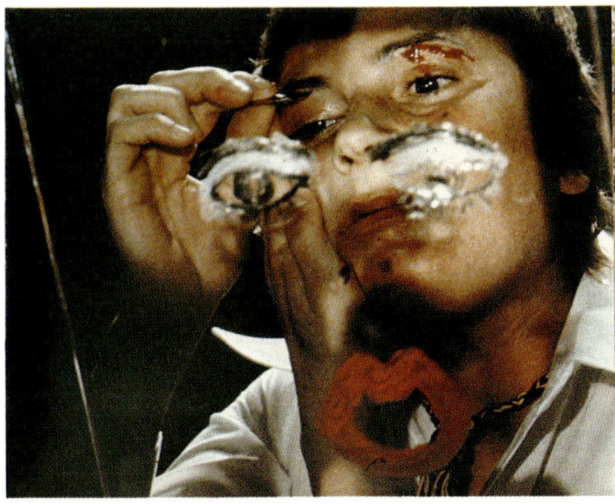

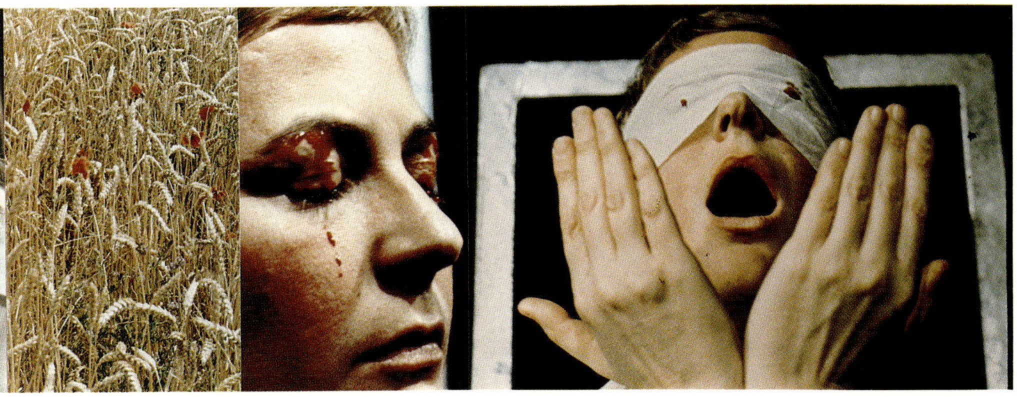

Gina Pane (1939):
Psyché.
Aktion, 1974.

Michel Journiac (1943):
Blut: Annäherungsversuch – Aneignung des Körpers.
Aktion, 1969.

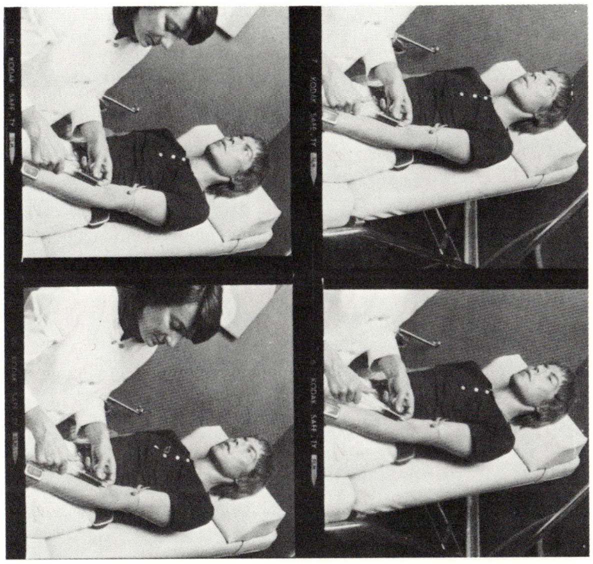

Rezept für Wurst aus Menschenblut

Man nehme $90\ m^3$ flüssiges Menschenblut (den Inhalt dreier Grossformat-Spritzen), 90 Gramm tierisches fettes Fleisch, 90 Gramm rohe Zwiebeln, einen gesalzenen Darm, der vorher in Wasser eingeweicht und abgetrocknet wurde, 8 Gramm Salz, 5 Gramm Gewürzmischung, 2 Gramm Würze und Puderzucker.
Die Hälfte des Fleisches hacken, den Rest in Würfel schneiden; ebenso die Zwiebeln würfeln, sie fünf bis sechs Minuten in Salzwasser abkochen, abtropfen und abkühlen lassen.
Das gehackte fette Fleisch auslassen, die Zwiebeln zufügen und eine Viertelstunde auf kleinem Feuer kochen lassen; dann die Fleischwürfel hinzugeben und weitere sieben bis acht Minuten kochen lassen. Den Topf vom Feuer nehmen und nach und nach das Menschenblut zum Fett geben; sodann die Flüssigkeit auf dem Feuer unter Umrühren eindicken lassen (zehn bis zwölf Minuten), wobei die verschiedenen Zutaten hinzugefügt werden.
Den Darm an einem Ende zubinden, in das andere Ende durch einen Trichter die Mischung einfüllen und zubinden; auf einen Rost in einen Topf legen und ihn mit stark gesalzenem heissem Wasser bedecken. Den Behälter auf das Feuer geben. Sobald es kocht, den Topf vom Feuer nehmen. Wenn die Blutwurst fest ist, abtropfen lassen, mit einem Tuch bedecken und erkalten lassen.
Die Blutwurst in Stücke schneiden und braten.

1974, bei einer *Psyché* genannten Manifestation der Body Art in der Galerie Stadler in Paris, kniete sie auf dem Boden, den Kopf über einen Spiegel gebeugt, und reproduzierte darauf ihre Züge, als ob sich die Schminke auf das Glas gelegt hätte. Dann schnitt sie sich die Augenbrauenbögen mit einer Rasierklinge auf, und ihr Blut hob das Bild auf dem Spiegel noch hervor und warf es auf sich selbst zurück. 1969 zelebrierte Michel Journiac eine *Messe für einen Körper,* in deren Verlauf er aus seinem eigenen Blut Blutwurst herstellte, die er in der Folge den Zuschauern in der arrangierten Szene eines Abendmahls vorsetzte. «Vielleicht haben wir den Nullpunkt der Ästhetik erreicht», sagte er, «und das Problem ist nicht mehr das Schöne, sondern das Leben. Die Suche nach einem Ausgangspunkt liegt für mich im Bewusstsein um einen Körper aus Fleisch und Blut.»[75] Die Entweihung der humanistischen Werte erreichte ihren Höhepunkt im Wien der sechziger Jahre. Bei gewaltsamen, expressionistischen Aktionen schlitzte Hermann Nitsch gekreuzigten Lämmern und Schweinen den Bauch auf und beschmutzte sich mit Blut, Eingeweiden und Exkrementen. Auch Günter Brus' erste Aktion bestand darin, sich den Körper so anzumalen, als sei er verdreckt, überfallen, ver-

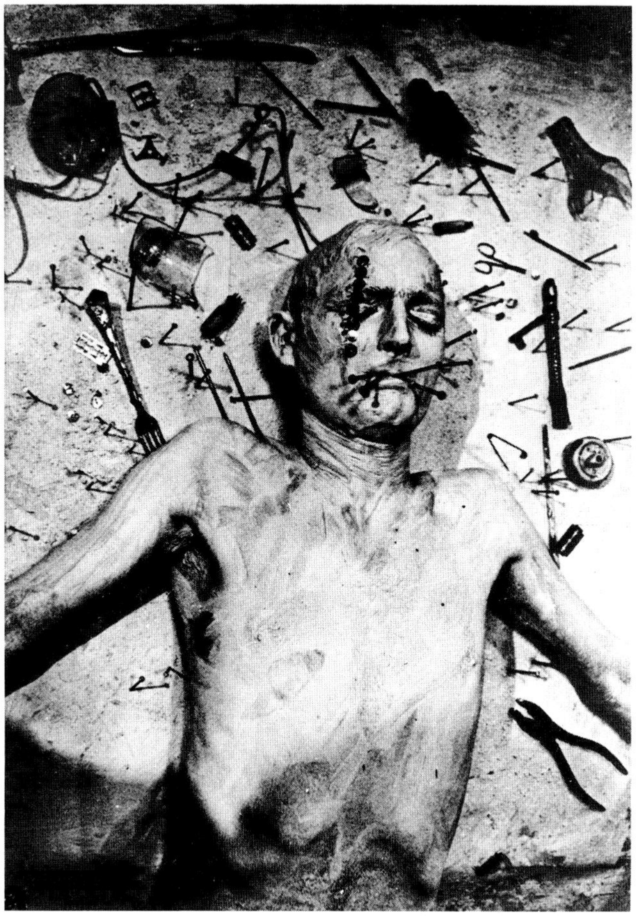

stümmelt. Schliesslich verzichtete er auf jeden Kunstgriff, beschränkte sich auf seine eigenen körperlichen Mittel und stellte beim Masturbieren, Darmentleeren, Urinieren usw. seine analen und genitalen Teile zur Schau.

Rudolf Schwarzkogler bot die «wildeste» Replik ritueller Verstümmelung von primitiven Gesellschaften: Er bearbeitete sein Gesicht und sein Geschlechtsteil so verbissen, dass er 1969 an den Folgen einer Selbstkastrierung starb.

So feiert man die Versöhnung von Kunst und Leben unter dem Zeichen der sadomasochistischen Aggression, des Voyeurismus, Fe-

Günter Brus (1938): Transfusion. Aktion, 1965.

Hermann Nitsch (1938) 48. Aktion, 1975.

tischismus, Exhibitionismus, Narzissmus, der Zotigkeit, der Zoophilie, Koprophilie, des Kannibalismus usw. Der Körper ist dabei nicht der Träger eines Bildes, sondern Gegenstand von Misshandlungen, Beschmutzungen, spektakulärer Erniedrigung. Man könnte argumentieren, dass die Body Art gewissen elitären Perversen das Glück kulturellen Alibis gewährt und ihnen erlaubt hat, sich öffentlich Ausschweifungen hinzugeben, von denen sie vorher nicht einmal zu träumen gewagt hätten, und dies sogar unter dem Beifall der sogenannt - kultivierten - Gesellschaftsschicht. Doch diese Bemerkung sei weniger abschätzig gemeint, als sie scheinen mag. Freud behauptete, dass es eine polymorphe Perversion gäbe, die zwar der Kindheit eigen sei, von der sich aber niemand je völlig befreie. In dieser Hinsicht würde man die Künstler der Body Art entwürdigen, enthöbe man sie jeglicher psychischer Bedingtheit und übertrüge man ihre Darbietungen auf ein rein kulturelles Feld, zumal sie doch danach trachten, das kollektiv Unbewusste existentiell auf sich zu nehmen. Ihre Leistungen wären im höchsten Masse überflüssig, wenn sie einer willkürlichen, unmotivierten Verstellung entsprängen und nicht sich selbst als Urheber (und dadurch auch ihre Zuschauer) körperlich mit einbezögen. Gibt es in der Geschichte der Kunst eine einzige Epoche, eine einzige Bewegung, die nicht ihren Vertretern eine spezifische geistige Disposition abgefordert hätte, eine Veranlagung, die ausserhalb dieses legitimierten Kontextes als pathologisch angesehen worden wäre? Genie ist vielleicht Neurose, Perversion oder Psychose, die vorsehentlich einem geschichtlichen Moment entspringt und als eine Art Resonator des kollektiven Unbewussten gesellschaftlich eingesetzt wird. Hätten Manierismus, Romantik, Symbolismus oder Expressionismus nicht in Pontormo, Caspar David Friedrich, Munch oder Van Gogh inspirierte Vertreter gefunden, hätten diese Künstler keinen sekundären gesellschaftlichen Nutzen aus ihren seelischen Konflikten gezogen und wären in der melancholischen, paranoiden und schizophrenen Ecke belassen worden. Die pathologische Erklärung der Body Art ist weder böswillig noch verstellend gemeint; sie ist nur ein wenig eng gegriffen, denn sie verlagert das Problem: Welcher Vision der Welt entspricht eine künstlerische Bewegung, die ihren Impuls im Kleid der Perversionen findet? Perversionen definiert die Psychoanalyse als ein Steckenbleiben der Libidoentwicklung im kindlichen Stadium. Wie wir jedoch gesehen haben, signalisiert die Tatsache, dass eine psychische Veranlagung über die private Sphäre hinausgeht und zum Gegenstand einer künstlerischen Aktion wird, eine Übereinstimmung zwischen den ontogenetischen und den phylogenetischen Registern - das heisst, dass die Entwicklung des Individuums zum Ausdruck der Entwicklung der Gattung wird. Die infantile Etappe, die in den erwähnten Perversionen heraufbeschworen wird, bezeichnet also einen Zeitpunkt des kulturellen Werdens der Menschheit, der nie überwunden wurde und weiterhin den modernen Menschen wie eine unausgeschöpfte und doch verbotene anthropologische Quelle verfolgt. Die Perversion widerstrebt uns, weil sie das monströse Weiterbestehen dessen ist, was uns am Kind bezaubert. *Mutatis mutandis:* Die in der Body Art in Szene gesetzten Perversionen erinnern uns an die Beziehungen, welche die Kulturen unserer Vorfahren zum Geweihten unterhielten, über den Weg der Erotik, über Leid, Verstümmelung, Zoophilie, Kannibalismus usw. Hier liegt das Konzentrat aller Triebe, die in den wilden Gesellschaften ritualisiert, in der zivilisierten Gesellschaft verboten sind und die mit der Körperkunst provokativ zurückkehren. Die höchste Verfeinerung entspricht karikaturistisch der extremsten Wildheit dort, wo der prototypische Ersatz des Zeremoniells von ehedem gesucht werden kann: in der Vernissage, deren provokatorische Form deutlich den unwiderruflichen Verlust anzeigt. Wenn der von Handel und Stardenken enttäuschte Künstler der Body Art den Kunstgegenstand aufgibt, so geschieht dies nicht, um ihn durch einen andern Fetisch zu ersetzen, sondern um der Ernüchterung vorzubeugen; er trotzt dann dieser letzten Verschanzung humanistischer Ideologie, die seine eigene Person, sein eigener Körper ist, den er nun befragt und mit einer sadomasochistischen Verbissenheit foltert, die der Inquisition würdig wäre. Es ist, als wollte er sich vergewissern, dass sogar das Fleisch alle seine Geheimnisse preisgegeben hat und nichts weiteres mehr von ihm geblieben ist. Von nun an ist der moderne Mensch zu symbolischer Heuchelei verdammt.

Der Transvestismus (oder Transvestitismus), in direkter Nachfolge der Body Art, geht aus einem körperlichen und existentiellen Engagement des Künstlers hervor, das jede objektive Vermittlung kurzschaltet. Die persönliche Identität wird dabei durch das Prinzip der Unbestimmtheit aufs Spiel gesetzt, welches sich in erster Linie auf den Unterschied der Geschlechter anwendet. Die Künstlertransvestiten wollen - im Gegensatz zu den Kabarett-Transvestiten - keineswegs die Libido hervorheben und die «Heteropolente» in ihrer Normalität bestätigen. Sie wollen auch kein anderes Geschlecht. Den sexuellen Gegensatz beurteilen sie als entfremdend und lehnen ihn ab; ihre Absicht ist es, mit ihrem Körper und ihrer Erscheinung die verschiedenen Persönlichkeiten zu leben, die sie in sich verspüren. «Das andere Geschlecht erkennt man zuerst durch sich selbst», sagt Katharina Sieverding. Aber dieses andere Wesen ist noch lange nicht erworben, denn das gesellschaftliche Leben steht dem in jeglicher Art und in den unschuldigsten Formen entgegen: Der Wortlaut im Personalausweis, die für Mann und Frau getrennten öffentlichen Toiletten, die Art, ein Hemd zu knöpfen, und sogar die Grammatik unseres Sprechens und Denkens.

Wir haben zwischen der Alternative Mann/Frau zu wählen und die grundlegende Ambivalenz jedes Menschen zu verdrängen. Meret Oppenheim sagt in diesem Zusammenhang: «Ich wäre beinahe versucht zu sagen, dass sich bei der Frau die männliche Seelenstruktur im Augenblick noch verstecken muss. Meiner Meinung nach liegt die Erklärung in der Tatsache, dass seit der Einführung des Patriarchats, also seit der Entwertung des weiblichen Faktors, der Mann das auf die Frau projiziert, was er als weiblich in sich verborgen trägt und das er als minderwertig erachtet. So sieht sich die Frau gezwungen, neben ihrer Weiblichkeit noch das Weibliche der männlichen Projektion auf sich zu nehmen. Aus diesem Grund ist die Frau immer «Frau hoch zwei».[63]

Der Begriff Transvestismus ist insofern nicht sehr glücklich, als er eine erste Identität voraussetzt, die geschminkt würde. Wenn nun die Künstler zur Schminke greifen, so geschieht es paradoxerweise, um die Wahrheit zu zeigen, um das zu enthüllen, was sich unter dem soziokulturellen «Naturell» verbirgt. Man müsste deshalb eher von einem Antischminken sprechen, das darauf abzielt, die Vielfalt der Persönlichkeit zur Geltung zu bringen, insbesondere die, unter der geborgten Identität latente, bisexuelle. Der Transvestit lehnt sowohl das naturalistische Schminken ab, das die persönliche Integrität trotz Zeichen der Müdigkeit und des Alters wiederherstellen will, als auch das theatralische Schminken, das seine Willkür offen darlegt und gleichwohl eine reale Persönlichkeit durchscheinen lässt. Die Wahrheit liegt darin, dass der abendländische Mensch immer geschminkt ist. Seine wahre Identität unter seiner Schminke zu suchen bedeutet, eine Zwiebel zu schälen und dabei zu vergessen, dass diese ganz und gar aus Schalen besteht.

Für den Transvestismus verbirgt die Schminke nicht, sondern sie mobilisiert den Schein, um die «ursprüngliche Sekundarität» des Menschen zu enthüllen. Daher das «Selbstporträt ohne Zahl» Katharina Sieverdings, die durch 132 Fotos ihres Gesichts, jedesmal gewandelt, eine unauffindbare Identität verfolgt. Denn ethymologisch gesehen ist die Person immer nur Maske, auf die man mit dem Finger zeigt. Auch Urs Lüthi dringt über

Katharina Sieverding (1944):
Maton 1/2.
Aktion, 1972–1973.

Urs Lüthi (1947):
2 der 8 Porträts der Serie:
«Tell me, who stole your smile», 1974.

Michel Journiac (1943): Inzestuöse Variationen. Aktion, 1975.

den Transvestismus in ein Frau-Werden, Alt-Werden, Ein-anderer-Werden ein, um sich schliesslich mit euphorischem Gefühl darin zu verlieren und endlich von jedem illusionären Selbstbezug befreit zu sein. In seiner *Hommage à Freud* lässt sich Michel Journiac nacheinander mit Kleidung, Brille und Frisur seines Vaters fotografieren, dann mit Perükke, Halskette und Make-up seiner Mutter. Er will sich mit diesem Akt nicht verkleiden, sondern die ihn bestimmende Natur auf sich nehmen, die sich in fataler Ödipusreferenz herausgebildet hat. Durch die fotografische Selbstdarstellung ergibt sich Luciano Castelli in das Spiegelstadium. Er entfremdet sich bewusst seinem eigenen, durch Schminke veränderten Bild und formuliert damit eine Herausforderung an das Wesen der Identität. Die Icherweiterung soll bis zum Äussersten getrieben werden, bis hin zu einem Verrat an der grundlegend mimetischen Natur.

Es ist bezeichnend, dass die Übertretung des Spiegelbildes sich bevorzugt an demjenigen Gegensatz manifestiert, der im menschlichen Abenteuer der primitivste, universellste und gewiss der unerbittlichste ist, denn er sanktioniert einen anatomischen Unterschied: den Gegensatz von Mann und Frau. Seit der Höhlenkunst bestimmt er alle mythologischen, verwandtschaftlichen, verbalen

Zeichensysteme, gleichsam als Paradigma aller Paradigmen. Sich über den sexuellen Unterschied hinwegzusetzen bedeutet, den Prozess der Entdifferenzierung bis an die äusserste Grenze zu treiben. Das sexuelle Nicht-Unterscheiden ist die letzte herausfordernde Radikalisierung dieses Prinzips der gleichmachenden Verallgemeinerung, des Bezugsverlustes und der Vertauschbarkeit der Werte, von Jean Baudrillard als die «Ära der Vortäuschung»[65] bezeichnet. Den Transvestismus als eine re-aktive Antwort der Homosexualität auf eine tausendjährige Unterdrückung zu deuten, wäre einfältig. Die Anhänger des Transvestismus sind weder Homosexuelle noch Heterosexuelle, sondern wandernde Helden – oder wenigstens Herolde – der Gleichgültigkeit der Wandelbarkeit oder der Unbestimmtheit der Zeichen, die durch ihre respektlose Transsexualität den Zusammenbruch der symbolischen Ordnung feiern.

Es ist auch einfältig, die Malerei für tot zu erklären, misst man sie nur an den Künstlern, die sich von der Aussenwelt abschliessen und sich selbst zuwenden. Um den Zyklus der Darstellung zu schliessen, würde es mehr brauchen und zudem wäre abzulenken von all den Werken, die sich nicht an den aktuellen Strömungen ausrichten.

Die Vorstellung von der Hinfälligkeit der Malerei als Malerei zeigt sich auch in der spektakulären Rückkehr neoexpressionisti-

Luciano Castelli (1951): Indianer I. Dispersion auf Leinwand, 1982.

Punks am Leicester Square, London 1983.

scher Bewegungen und ihrer deutschen *(Neue Wilde)*, französischen *(Figuration Libre)* italienischen *(Transavanguardia)* und amerikanischen *(New Image)* Varianten. Der Körper ist buntscheckig und verweist – wie bereits die Body Art – auf die Wilden, aber auch die bereits erwähnte «perverse» Regression im sozioanalytischen Sinn. Die Künstler lehnen jede avantgardistische Referenz auf ein mögliches neues Modell ab und lassen sich gefällig von dem kulturellen Erbe überschwemmen, wobei dies natürlich nicht im Geiste ehrfurchtsvollen Nachstrebens geschieht, sondern in einer Überdosis an erratischen Reminiszenzen, einem zusammengebastelten Gemisch aus «Neo», Heuchelei und Parodie. Das Wanken der Zeichen wird dabei zum Prinzip der Auflösung. In Wirklichkeit geht es hier um eine «endzeitige Kunst», die die kulturelle Vergangenheit konzentriert erfasst – gleich den Menschen, die im Augenblick des Todes ihr Leben gerafft an sich vorbeiziehen sehen. Die neue Figuration glänzt in dem flackernden Licht der Glühbirnen, die kurz vor ihrem Auslöschen stehen. Ihre Formen sprengen den Raum und ihre Farben sind wie die verzerrten Töne von Gitarren und Synthesizern der Pop-Musik. Der Neoexpressionismus ist stark vom Rock- oder Punk-Geist seiner Anhänger beeinflusst.

Kann man die Strömung nun als einen einfachen Modeeffekt abtun, der einzig den Parolen des Zeitgeistes gehorcht? Das wäre ungerecht, nicht dem Neoexpressionismus, sondern der Mode gegenüber. «Mode ist das, was man schön findet, das aber hässlich wird; Kunst ist das, was man hässlich findet, das aber schön wird», sagte Coco Chanel. Würde sie das auch heute noch behaupten, in dieser «Ära der Heuchelei», wo die Begriffe schön und hässlich umwandelbar geworden sind, wie alle bedeutsamen Gegensätze? Man müsste noch bedenken, dass die Mode durch ihre gesellschaftliche und globale Ausbreitung belastet und Spieleinsatz einer wirtschaftlichen Aktivität grossen Stils ist. Sie ist weniger zufällig, frivol und unbedeutend geworden als die Kunst, deren Schwankungen alles andere überbieten. Wenn die Malerei der «Neuen Wilden» nur ein Auswuchs der Punk-Subkultur ist, muss man sich auf letztere als Ausgangspunkt beziehen und kommt dabei unweigerlich zur Körperkunst zurück.

Die Ästhetik des Punk unterscheidet sich von allen vorausgehenden westlichen Modeströmungen durch die Tatsache, dass sie sich über jede naturalistische Rechtfertigung hinwegsetzt. In den vergangenen Jahrhunderten und auch in unserer jüngsten Vergangenheit waren Make-up, Perücken und Korsetts eine nachhaltige Betonung der anatomischen Züge und man war bemüht, den Übergang von der Natur zum Kunstgriff zu vertuschen. Der Punk-Aufzug hingegen stellt einen präzisen Angriff auf die anatomischen Bedingtheiten dar – besonders auf die humanistische Vorstellung vom Körper –, Angriff auf Einheit, Symmetrie, Integrität und Körperhygiene. Darin erinnert der Punkkörper an den primitiven Körper, der ebenfalls aus Prinzip die natürlichen Bedingtheiten verleugnet.

Oberflächlich besehen scheint diese Beleidigung der Schönheitsnormen als eine Form noch subtilerer Verführung. Es kann sich darum handeln, ein Gesicht ironisch hervorzuheben, das so jung und so schön ist, dass es allen Verstössen widersteht und dadurch sogar noch betont wird. Oder es könnte sich, was noch perverser wäre, um Faszination durch Horror handeln. Man verzichtet auf die einfache Form der Verführung, um geheimere und gefährlichere Triebe ins Spiel zu bringen. Es kann sich auch um die Absicht handeln, eine Leere um sich zu errichten, anzuwidern, den normalen Menschen abzuweisen, seine Verführung denjenigen anzubieten, die die Normalität ohnehin schon ablehnen: So wird dem Labyrinth der Verführung noch eine Initiationsprobe hinzugefügt.

Wichtig in dieser Strategie der Verweigerung bleibt die Entscheidung für die Katastrophe, die *Schadenfreude* und den selbstzerstörerischen Jubel. Die Punks überlassen die ökologischen Klagen, Folk und Country ih-

rer Nostalgie und überbieten sich in der Wildheit des Zeitgeistes. Sie hissen die techno-faschistischen Embleme wie neue Totems, sie bemalen ihr Gesicht und färben sich die Haare mit den giftigen Farben der chemischen Verschmutzung, sie greifen körperlich dem biologischen Verfall und den genetischen Manipulationen vor. Leben wir die letzten dreissig Jahre der Existenz der Erde, wie es die Biologen apokalyptisch prophezeien? Dreissig Jahre sind zu lange, erwidern die Punks und fordern noch mehr Beton, noch mehr Verschmutzung, noch mehr Atomkraft. «No future» singen die Sex Pistols und stellen ihren Slogan «Hate and War» dem «Peace and Love» der Hippies und der Pop-Musik gegenüber. Die Gegenwart muss dem Überdruck weichen, muss die Zeit sich überschlagen lassen wie der verzerrte Ton der Verstärker, muss Ursprungsmythen und Zukunft verschmelzen. Die echte Wildheit findet sich nicht mehr in Nepal noch bei den Buschmännern, sie verpufft in der Gegenwart, in Gewalt, Folter, Umweltzerstörung, Trugbildern und Medienbeeinflussung. Die Punks schreiten maskiert voran, narbengezeichnet, durchstochen und bepinselt wie die Papua, doch mit Sprays, Sicherheitsnadeln, Mülleimerbeuteln und Vinylprodukten vom Supermarkt. Sie übertreiben ironisch ihr Dasein als Eindringlinge, Einwanderer, Wahnsinnige und Mutierende, die die Gesellschaft des Soft-Gulag ihren Kindern beschert. Mit der Okzidentalisierung des Planeten hat sich die Grenze zwischen den Kulturen nur um ihre Achse gedreht; doch sie ist heute unüberschreitbarer als je zuvor, weil sich diesmal die Generationen gegenüberstehen.

Haben Sprechen und Malen dann noch einen Sinn? Es ist besser, die Tonuntermalung voll aufzudrehen, um jede Kommunikation erliegen zu lassen, die entsprechende Pose einzunehmen, damit die nächste Atombombenexplosion auf den Betonmauern Schatten abzeichnet, wie sie von unseren Vorfahren, den Aurignacmenschen, auf die Höhlenwände silhouettiert wurden, damit sich, ganz nahe dem Ausgangspunkt, die grosse Hyperbel des menschlichen Abenteuers so schnell wie möglich schliesse.

Quellenverzeichnis

Allgemeines

1 Brain, Robert, *The decorated body,* Harper and Row, New York 1979.
2 Caruchet, William, *Tatouages et tatoués,* Tchou, Paris 1976.
3 Ebin, Victoria, *Corps décorés,* Chêne, Paris 1979.
4 «Körperbemalung - Urbilder der Kunst», *Du* 7/1982, Zürich.
5 Maertens, Jean-Thierry, *Le dessin sur la peau (Ritologiques 1),* Aubier, Paris 1978.
6 Maertens, Jean-Thierry, *Le corps sexionné (Ritologiques 2),* Aubier, Paris 1978.
7 Scutt, Ronald, und Gotch, Christopher, *Skin Deep,* Peter Davies, London 1974.

Der vorgeschichtliche Körper

8 Bandi, H.G., Breuil, Henri, Berger, L., Lhote, H., Holm, E., Lommel, A., *L'âge de pierre,* Albin Michel, Sammlung «L'art dans le monde», Paris 1960.
9 Flugel, John Carl, *Le rêveur nu: de la parure vestimentaire,* übersetzt von J.-M. Denis, Aubier-Montaigne, Paris 1982.
10 Leroi-Gourhan, André, *Préhistoire de l'art occidental,* Mazenod, Paris 1978.
11 Leroi-Gourhan, André, *Les religions de la préhistoire,* P.U.F., Paris 1984.
12 Morin Edgar, *Le paradigme perdu: la nature humaine,* Seuil, Sammlung «Points», Paris 1973.

Der wilde Körper

13 Catlin, George, *Les Indiens de la Prairie,* Club des libraires de France, Paris 1959.
14 Clastres, Pierre, *La société contre l'Etat,* Ed. de Minuit, Paris 1974.
15 Clavel, Dr. «Le tatouage aux Iles Marquises», in *Revue d'ethnographie de Nancy.* 1885, S. 133 f.
16 Cocheris, P., *Les parures primitives,* Jouvet et Cie, Paris 1974.
17 Douglas, Mary, *De la souillure. Essai sur les notions de pollution et de tabou.* Maspero, Paris 1981.
18 Faris, James, *Nuba Personal Art,* Duckworth, London 1972.
19 Fuerst, R., «La peinture collective des femmes Xikrin» in Becher, H., *Beiträge zur Völkerkunde Süd-Amerikas,* 1964, S. 117–130.
20 Gauchet, Marcel, «La dette du sens et les racines de l'Etat» in *Libre* 77/2, «Petite Bibliothèque Payot», Paris 1977.
21 Gobert, E.G., «Notes sur les tatouages indigènes tunisiens», in *Anthropologie* 24, 1924, S. 57–102.
22 Herber, Jean, «Tatouage et religion» in *Revue d'histoire des religions,* 83, Paris 1921, S. 69–83.
23 Hummel, S., «Die Gesichtsbemalung der Tibeter» in *Zeitschrift für Ethnologie* Nr. 83, 1958, S. 281–284.
24 Jaccard, Roland, *Mélanie Klein et la pulsion de mort,* L'Age d'Homme, Lausanne 1971.
25 Laing, Ronald D., *Le moi divisé,* Stock, Paris 1970.
26 Lévi-Strauss, Claude, «Le dédoublement de la représentation», in *Anthropologie Structurale,* Plon, Paris 1958, S. 269–294.
27 Lévi-Strauss, Claude, «Une société indigène et son style» in *Tristes Tropiques* 10/18, Paris 1962, S. 153–169.
28 Lévi-Strauss, Claude, *La voie des masques,* Skira, «Les Sentiers de la création», Genf 1975.
29 Marcais G., «Origine et signification des tatouages des tribus berbères», in *Revue d'histoire des religions* 103, 1930, S. 13–66.
30 Mauss, Marcel, «Esthétique», in *Manuel d'ethnographie,* Petite Bibliothèque Payot, Paris 1967. S. 85–123.
31 Riefenstahl, Leni, *Les Nouba de Kau,* Chêne, Paris 1976.
32 Schonfeld, *Körperbemalung, Brandmarken, Tätowierungen,* Heidelberg 1960.
33 Thomas, Davis, und Ronnefeldt, Karin, *Le peuple du premier homme,* Flammarion, Paris 1977.
34 Turner, V.W., «La classification des couleurs dans le rituel Ndembu» in *Essais d'anthropologie religieuse,* Gallimard, Paris 1973, S. 67–106.

Das Spiegelstadium

35 Baudelaire, Charles, «Eloge du maquillage» in *Le peintre de la vie moderne,* XI.
36 Baudrillard, Jean, *De la séduction,* Galilée, Paris 1979.
37 Bradbury, Ray, *L'homme illustré,* Denoël, Paris 1954.
38 Bruno, C., *Tatoués, qui êtes-vous...?,* Ed. Feynerolles, Brüssel 1970.
39 Burgelin, Olivier, «Promenade cosmétique chez

les anciens et les modernes», in *Traverses / 7*, Februar 1977, S. 123–137.
40 Caruchet, William, *Bas-fonds du crime et du tatouage,* Ed. du Rocher, Monaco 1981.
41 Certeau, Michel de, «Des outils pour écrire le corps», in *Traverses/*14–15, April 1979, S. 3–14.
42 Freud, Sigmund, *Malaise dans la civilisation,* P.U.F., Paris 1975.
43 Giraud, R. et Delarue, J., *Les tatouages du milieu,* Ed. La Roulotte, Paris 1950.
44 Gorsen, Peter, *Das Prinzip Obszön,* Rowohlt, Reinbek b. Hamburg 1969.
45 Graven, Jean, *L'argot et le tatouage des criminels,*La Baconnière, Neuchâtel 1962.
46 Guyon, Daniel, *Le Corps marqué. Réflexions sur le tatouage et son économie en Psychopathologie,* thèse à la Faculté de médecine de Lyon, 1978.
47 Herber, Jean, «Tatouages marocains. Tatouage et religion», in *Revue d'histoire des religions,* Paris 1921.
48 *Histoire des spectacles,* Encyclopédie de la Pléiade, Paris 1965.
49 *Japon, théâtre millénaire vivant,* Ausstellungskatalog des Musée d'ethnographie de Neuchâtel, Juni–Dezember 1969.
50 Keimer, Louis, *Remarques sur les tatouages de l'Egypte ancienne.* Mémoire de l'Institut d'Egypte, S. 53, Kairo 1948.
51 Kossiakov, Nadia, «Un répertoire modèle de tatouages égyptiens», in *Objets et Monde,* 6, 1966, S. 263–278 (revue du Musée de l'Homme).
52 Lacan, Jacques, «L'anamorphose», in *Le Séminaire XI, Paris 1973, S. 75–84.*
53 Lacassagne, *Les tatouages. Etude anthropologique et médico-légale,* Ed. Baillère, Paris 1881.
54 Lascault, Gilbert, «N + 1 Banalités sur le maquillage», in *Traverses / 7*, Februar 1977, S. 48–56.
55 Lebensztejn, Jean-Claude, «Au Beauty Parlour», in *Traverses / 7*, Februar 1977, S. 74–94.
56 Locard, Dr. Edmond, *Traité de criminalistique,* Ed. Desvigne, 1932.
57 Lombroso, César, *L'homme criminel,* Bd.1, 2. Französische Ausgabe 1895, III. Teil: «Du tatouage chez les criminels», S. 267–305.
58 Ohya, Zensetsou, «Etude sur le tatouage au Japon», in *Minerva Dermatologica,* Turin, August 1959.
59 Pons, Geneviève, «Bravo pour le clown» in *Atlas,* Nr. 93, März 1974, S. 68–84.
60 Vialatte, Dr. Janine, *L'Etre tatoué,* thèse à la Faculté de médecine de Marseille, 1975.
61 Yamaguchi, Masao, «Le maquillage traditionnel au Japon. Folklore et théâtre», in *Traverses / 7*, Februar 1977, S. 66–72.

Die Auferstehung des Fleisches

62 Alexandrian, S., *L'univers de Gustave Moreau,* Paris 1975.
63 Ammann, Jean-Christophe, «Masculin-féminin, physionomie du travesti», in *Art Actuel, Skira Annuel,* Genf 1975, S. 140–143.
64 *L'Art Vivant,* Sondernummern «le corps» 1 und 2, Nr. 40/41, Juni/Juli 1973.
65 Baudrillard, Jean, *L'échange symbolique et la mort,* Gallimard, Paris 1976.
66 Clay, Jean, *Le romantisme,* Hachette, Paris 1980.
67 Comini, Alessandra, *Gustav Klimt,* übersetzt von H.-B. Grasset, Seuil, Paris 1975.
68 Comini, Alessandra, *Egon Schiele,* übersetzt von Françoise Sotelo, Seuil, Paris 1976.
69 Glusberg, Jorge, «Introduction aux langages du corps: l'art corporel et les performances», Ausstellungskatalog des Centre Georges Pompidou, Paris, Februar 1979.
70 Hofmannsthal, Hugo von, Lettres du voyageur à son retour (Die Briefe des Zurückgekehrten), übersetzt von J.-C. Schneider, Mercure de France, Paris 1969.
71 Klee, Paul, *Théorie de l'art moderne,* übersetzt von P.-H. Gonthier, Denoël/Gonthier, Paris 1964.
72 Larain, Gilles, «Oil sauvage», in *Zoom,* Januar/Februar 1973.
73 Olivier, Geneviève, «De la poudre aux yeux (sur le maquillage)», in *L'Art Vivant,* Nr. 46, 1974, S. 12–15.
74 Oppenheim, Meret, «Travesti», in *Kunstbulletin,* Nr., 2, Luzern 1975.
75 Pluchard, François, «Notes sur l'art corporel», in *Artidudes* 12/14, 1974.
76 Restany, Pierre, Yves Klein, Chêne-Hachette, Paris 1982.
77 *Transformer-Aspekte der Travestie,* Ausstellungskatalog des Kunstmuseums Luzern, 1974, Texte von J.-C. Ammann, Martine Lanini, Peter Gorsen usw.
78 Sarduy, Severo, «Les Travestis», in *Art Press,* Nr. 20, September/Oktober 1975, S. 12–13.
79 Vergine, Lea, *Il corpo come linguaggio,* Prearo, Mailand 1974.
80 Vergine, Lea, *Dall'informale alla Body Art,* Coop. Editoriale Studio Forma, Turin 1976.

Namenregister

Verzeichnis der Abbildungen

51 Xingu-Indianer bei der Bemalung, Brasilien. Foto Maureen Bisilliat, São Paulo.

52 Gegenseitige Bemalung bei den Xikrin-Kayapo-Indianerinnen, Zentralbrasilien. Foto René Fuerst, Genf.

59 Tätowierte Caduveo-Frau, Brasilien, 1895. Stich nach Boggiani. Foto Topham Picture Library, Edenbridge, Kent.

China

88 Figur aus der Peking-Oper, Mai 1983. Foto © Charles Lénars, Paris.

90 «La Belle», eine der Hauptrollen des klassischen chinesischen Theaters, Singapur. Foto © Charles Lénars, Paris.

91 Acht Typen von Gesichtsmalereien der chinesischen Oper. Von links nach rechts: 1) *Sha Shen,* das zerbrochene Gesicht: Die punktierten Linien verweisen auf ein starkes Temperament: je mehr sie auseinanderklaffen, desto heftiger ist der Charakter. 2) *Wang Chen,* Eunuchengesicht: kleiner Mund, Augenbrauen in Weidenblattform, Augenhöhlen in Vogelform. Kennzeichnet nur die Eunuchen des kaiserlichen Hofes. 3) *Chia Lan,* dieses Gesicht ist dem «vollkommenen Gesicht» verwandt, unterscheidet sich jedoch von diesem durch das auf die Stirn gemalte Siegel einer Gottheit. 4) *Shia Ma Ching,* hier wird das Genie nur auf der Stirn dargestellt, im Gegensatz zum «Ungeheuer»-Typ, wo das Gesicht des Schauspielers völlig dem Ungeheuer entspricht. 5) *Chao-Kwan-Ying,* das vollkommene Gesicht: Der Gebrauch einer einzigen Farbe deutet die Fülle an; die geraden Augenbrauen sind verlängert, um auf der Bühne gut sichtbar zu sein. Dieses Gesicht kennzeichnet integre Personen. 6) *Pa Chieh,* mehrfarbiges Gesicht, das einen cholerischen und grausamen Charakter bezeichnet. 7) *Liu Piao,* das verzerrte Gesicht: Augen, Nase und Mund sind verlagert, keine Symmetrie, was auf das böse Individuum oder dessen Opfer verweist. 8) *P'an Kwan,* das hellblaue Gesicht verweist auf einen Status, der nur den Göttern unterstellt ist: Buddha oder Geist; diese Farbe kennzeichnet einen Richter. Aus: *Facial symbolisme in Chinese Opera.* The National Taiwan Arts Center, Taipe, Taiwan, Oktober 1960.

Frankreich

77 Quickargile-Reklame, 1983. Foto Benchétrit, Callegari, Rebois, Communication (B.C.R.C.), Paris.

79 Geschminktes Kind. Foto © Fouli Elia - Elle, Paris.

80 Tätowierter Soldat des Afrikabataillons, «Andenken aus Tunesien». Foto Collection de l'Art brut, Lausanne.

82 Gesäss mit Gesichtstätowierung. Foto Collection de l'Art brut, Lausanne.

83 Tätowierter Rücken «Sträflingsflucht». Foto Collection de l'Art brut, Lausanne.

87 Coluche im Theaterkostüm, 1978. Rückseite des Plattenumschlags «Coluche», öffentliche Aufnahme, Teil 3. Productions Lederman Martinez. Alleinvertrieb RCA. Foto J.J. Damour.

92 Freddy Cantarelli und Momo, Cirque de Paris, 1979. Foto © Sylvie Mercier, Paris.

93 Spuggy, dummer August in Abendkleidung, Festival von Monaco, 1978. Foto © Sylvie Mercier, Paris.

95 Stéphane und Armand, die Kinder von Alexis Gruss. Cirque Gruss, Paris 1983. Foto © Sylvie Mercier, Paris.

Griechenland

20 Brettidol mit vorstehender Nase. Auf beiden Seiten lineare Muster (28,5 cm hoch). Antike Bronze III (1900–1800 v. Chr.). Zypriotisches Museum, Nikosia. Foto André Held, Ecublens, Schweiz.

66 Kopf des Diadumenos, römische Marmorkopie nach einer Bronze von Polyklet von ca. 430 v. Chr. The Metropolitan Museum of Art, New York, Fletcher Fund 1925. Foto des Museums.

73 Mädchenkopf - gegen 1500 v. Chr. (22 cm hoch). Kretisches Freskofragment aus Knossos. Archäologisches Museum, Heraklion. Skira-Archivfoto.

Grossbritannien

43 Eingeborener aus dem britischen Kolonialreich, dessen Körper mit Pastellfarbe bemalt ist. Aquarell von John White (aktiv 1585–1593). The British Museum, London. Foto des Museums.

80 Gesäss mit Schlangen- und Drachentätowierung. Foto Christopher Gotch, Brentford Dock, Middlesex.

81 Tätowiertes Gesäss «Fürchte nichts» mit doppeltem Adler. Foto Christopher Gotch, Brentford Dock, Middlesex.

86 Verwandlung Cavendish Mortons in Don Quichotte. Aus: Cavendish Morton, *The Art of Thea-*

trical Make-Up. Adam and Charles Black, London 1909. Foto Antonio Masolotti, Genf.

127 Punks am Leicester Square, London 1983. Foto Tom Picton/Time Magazine.

Indien

88 Kathakaligesichtsbemalung, Südindien. Geweihtes Theater, Herkunft Kerala. Die Schauspieler sind ausschliesslich Männer. Darstellung der grossen Epen wie des Ramajana, des Mahabharata und der Bhagavad-Gita. Die edlen, guten Helden haben ein grünes Gesicht und langgezogene Augen, die sog. Lotosaugen. Die Stirnbemalung verrät den intimen Charakter der Persönlichkeit. Foto © Charles Lénars, Paris.

Japan

40 Hori-Bun, japanischer Tätoweur, bei der Arbeit. Foto Christopher Gotch, Brentford Dock, Middlesex, England.

84 Japanische Tätowierungen (links: Foto © Thomas Höpker, Magnum, Paris; rechts: Foto © Charles Lénars, Paris).

89 Schauspieler des Kabukitheaters, 1981. Der Schauspieler Ennossuke in der Rolle des Tadanobu in «Yoshitsune mit den tausend Kirschblüten». Foto Lyu Hanabusa, Tokio.

91 Figur des Kabukitheaters. Ichikawa Ennossuke III schminkt sich für die Rolle der Menschenfresserin des Schwarzen Hügels «Kurozaka». Foto © Charles Lénars, Paris.

110 Nagasaki: Schatten einer Leiter und eines menschlichen Körpers nach der Atombombenexplosion. Museum der Atombombe, Nagasaki. Foto Roger-Viollet, Paris.

Jemen

68 Bemalung für ein religiöses Fest oder eine Hochzeit. Tihamagebiet (Küstenstreifen). Foto Marcos Joly, Genf.

69 Übliche Gesichtsbemalung. Haydangebiet. Foto Marcos Joly, Genf.

Marokko

68 Aït Hadiddu-Frau (Aït Brahim). Foto © Jean Robichez, Archive Editions Arthaud, Paris.

70–71 Mit Henna bemalte Frauenhand, Innen- und Aussenseite, Marrakesch, Marokko. Fotos © Bruno Barbey, Magnum, Paris.

Neuguinea

22 «Verkleidung» als Wahnsinniger. Kainantugebiet. Foto © Charles Lénars, Paris.

24–25 Papuas der südlichen Hochebenen. Fotos Malcolm Kirk.

26 Mann aus der Hochebene des Mount-Hagen-Gebietes, beim Sing-Sing-Fest. Foto Jerzy Surdel, Genf.

31 Lanzentanz der Männer aus der Hochebene des Mount-Hagen-Gebietes, beim Sing-Sing-Fest. Foto Jerzy Surdel, Genf.

32 «Verkleidung» als Mörder. Asarotal. Foto © Charles Lénars, Paris.

33 Mann aus dem Mount-Hagen-Gebiet. Foto Patrick Mohr, 1983.

76 Papua aus dem Sepikgebiet. Aus: David Bailey, *Another Image, Papua New Guinea,* Mathews Miller Dunbar/Bailey Co-Production, London 1975. Foto David Bailey, London.

Neuseeland

41 «Pakipaki», Maori-Schrumpfkopf (22 cm hoch, 16 cm breit). Nach dem Tod wurden Hirn und Augen entfernt und der Kopf langsam über einem mit Öl betreufelten Feuer getrocknet. Dank dieser Technik blieben Tätowierungen erhalten, die sonst verschwunden wären. In den Maori-Familien bewahrte man auf diese Weise nicht nur die Köpfe verschiedener Verwandter, sondern auch die Köpfe der besiegten Feinde auf. Musée de l'Homme, Paris. Foto des Museums.

45 (63) Tätowiertes Gesicht von Haufatu, Häuptling der Waipoa in Neuseeland. (64) Tätowiertes Gesicht von Urua wero (das bedeutet «der Rothaarige), Häuptling der Neuseeländer des Ostkaps (oder Waiopu). (67) Tätowiertes Gesicht und neuseeländische Signatur. Aus: J.C. Polack, *Manners and Customs of the New-Zealanders,* London, 1840, II (65 und 66). Profil und Vorderansicht eines Mokomokai (d.h. rauchgetrockneter menschlicher Kopf), den der Mörder als Trophäe in seiner Hütte aufbewahrt. Dem Sieger in Neuseeland unter hohen Kosten von Tilesius abgekauft und im Völkerkundemuseum Leipzig aufbewahrt. Reproduktion nach Klemm. (68) Wampum (Gürtel) oder Muschelkette. Aus: Jens Kraft, *Die Sitten der Wilden zur Aufklärung des Ursprungs und Aufnahme der Menschheit,* Kopenhagen 1766. Die Dokumente stammen aus: *Die Entstehung der Schrift, die verschiedenen Schriftsysteme und das Schrifttum der nicht alfabetarisch schreibenden*

Völker, Leipzig 1877. Foto Antonio Masolotti, Genf.

57 Hochreliefs von Tene Waitere, die zwei Maori-Häuptlinge und eine adlige Frau darstellen - 1899 - (56×78 cm) - Holz (Podocarpus totara: Baum aus der Familie der Taxaceae, Ordnung der Koniferen, hart und dauerhaft; Neuseeland). Rückseite: TENE WAITERE ROTOITI. National Museum of New Zealand, Wellington. Foto W.N. Wilson.

58 Moko-Tätowierung für Dokumentenstempel. Aus: Ronald Scutt und Christopher Gotch, *Skin Deep, The Mystery of Tattooing,* Peter Davies, London 1974.

Nordamerika

42 Saturiba, Häuptling eines nicht identifizierten Stammes aus dem 16. Jh., Ostflorida. Stich von Théodore de Bry, 1590, nach der Skizze von Jacques Le Moyne von 1564. Bibliothèque Nationale, Paris. Foto Bibliothèque Nationale, Paris.

46 Junge Mandanindianer bei der Folter. Norddakota, Nordamerika. Farblithographie von George Catlin, 1867, nach einem Gemälde von Catlin von 1832. Aus *O-kee-pa, A Religious Ceremony and Other Customs of the Mandans,* London und Philadelphia, 1867, Neudruck der Yale University Press, New Haven und London, 1967. Musée d'Ethnographie, Genf. Foto Gad Borel-Boissonnas, Vésenaz/Genf.

46 Folter mit Büffelschädeln bei den Cheyenneindianern, Dakota, Nordamerika. Aus *The Cheyenne* von George A. Dorsey, Field Columbian Museum Publication 103, Anthropological Series, Band IX, Nr. 2, Chicago, Mai 1905. Musée d'Ethnographie, Genf. Foto Antonio Masolotti, Genf.

47 Mato-Tope (Vier Bären), Mandanhäuptling, Nordamerika. Aquarell von Karl Bodmer - 1834 - (41,9×29,5 cm). The InterNorth Art Foundation, Joslyn Art Museum, Omaha, Nebraska. Foto des Museums.

49 Mehkskéhme-Sukáhs (Eisenhemd), Häuptling der Schwarzfussindianer, Nordamerika. Aquarell, Tinte und Bleistift von Karl Bodmer - August 1833 - (31,8×25,7 cm). The InterNorth Art Foundation, Joslyn Art Museum, Omaha, Nebraska. Foto des Museums.

56 Mandantänzer, Nacht und Tag darstellend, Norddakota. Farblithographie von George Catlin, 1867, nach einem Gemälde von Catlin, 1832. Aus *O-kee-pa, A Religious Ceremony and other Customs of the Mandans,* London und Philadelphia, 1867, Neudruck der Yale University Press, New Haven und London, 1967. Musée d'Ethnographie, Genf. Foto Antonio Masolotti, Genf.

56 Körperbemalung bei den Arapaho-Indianern Nordamerikas für die Sonnentanzzeremonie, Grosse Ebenen, 1903. Links ist der Körper gelb bemalt und trägt weisse Abdrücke von Weidenblättern; auf Brust und Rücken Symbole der schwarzen Sonne und des Mondes; schwarze Streifen um Hand- und Fussgelenke; Büffelhufe auf den Armen; ein schwarzer Ring umrahmt das Gesicht, unter den Augen die Zickzacksymbole des Blitzes. Rechts ist der Körper rot bemalt; ein schwarzer Streifen um Gesicht, Hand- und Fussgelenke herum; auf Brust und Rücken Symbole der schwarzen Sonne und des Mondes. Schwarzer Punkt auf der Nase.
Aus *The Cheyenne* von George A. Dorsey, Field Columbian Museum Publication 103, Anthropological Series, Band IX, Nr. 2, Chicago, Mai 1905. Musée d'Ethnographie, Genf. Foto Antonio Masolotti, Genf.

Pazifische Inseln

42 Nuku-Hiva-Eingeborener, Marquesainseln, Gemälde von H. Ainsworth - Anfang 19. Jh. - (53,4×43,2 cm). National Library of Australia, Rex Nan Kivell Collection, Canberra. Foto National Library.

43 Prinz Giolo oder Jeoly, tätowierter Eingeborener, Westpazifik, von William Dampier 1691 nach London gebracht - Stich aus: *Account of the Famous Prince Giolo,* London 1692. The British Library, London. Foto British Library.

Künstler

42 H. AINSWORTH (Anfang 19. Jh.) - Nuku-Hiva-Eingeborener, Marquesainseln, Südpazifik - (53,4×43,2 cm) - Öl. National Library of Australia, Rex Nan Kivell Collection, Canberra, Australien. Foto National Library of Australia.

43 UNBEKANNT - Prinz Giolo oder Jeoly, tätowierter Eingeborener, Westpazifik, von William Dampier 1691 nach London gebracht - Stich aus *Account of the Famous Prince Giolo,* London, 1692. The British Library, London. Foto British Library.

60 UNBEKANNT - Sciathericon, astrologische Figur mit den Tierkreiszeichen. Kupferstich aus *Ars magna lucis et umbrae* von Athanasius Kircher, Rom 1646. Foto Nicolas Bouvier, Cologny/Genf.

67 UNBEKANNT - Mensch im Tierkreis - Holzschnitt aus einem deutschen astrologischen Traktat, Ende 15. Jh. Foto Nicolas Bouvier, Cologny/Genf.

117 BEUYS Joseph (1921) - Wie man einem toten Hasen die Malerei erklärt. Aktion, 1965. Foto Ute Klophaus, Wuppertal, Deutschland.

98 BLAKE William (1757-1827) - Urizen kämpft in den Wassern des Materialismus - um 1794 - (16×11 cm) - Farbholzschnitt. The British Museum, London, Foto des Museums.

47 BODMER Karl (1809-1893) - Mato-Tope (Vier Bären), Mandanhäuptling, Nordamerika. 1834. - (41,9×29,5 cm) - Aquarell. The InterNorth Art Foundation, Joslyn Art Museum, Omaha, Nebraska. Foto des Museums.

49 BODMER Karl (1809-1893) - Mehkskéhme-Sukáhs (Eisenhemd), Häuptling der Schwarzfussindianer, Nordamerika - August 1833 - (31,8×25,7 cm) - Aquarell, Tinte und Bleistift. The InterNorth Art Foundation, Joslyn Art Museum, Omaha, Nebraska. Foto des Museums.

120 BRUS Günter (1938) - Transfusion, Aktion, 1965, Foto Arnulf Meifert, Hamburg.

125 CASTELLI Luciano (1951) - Indianer I - 1982 - (160×200 cm). Privatsammlung, New York. Foto I. Littkemann, Berlin.

46 CATLIN George (1796-1872) - Junge Mandanindianer unter der Folter. Norddakota, Nordamerika. Farblithographie von George Catlin, 1867, nach einem Gemälde von Catlin von 1832. Aus *O-kee-pa, A Religious Ceremony and Other Customs of the Mandans,* London und Philadelphia, 1867, Neudruck der Yale University Press, New Haven und London, 1967. Musée d'Ethnographie, Genf. Foto Gad Borel-Boissonnas, Vésenaz/Genf.

56 CATLIN George (1796-1872) - Mandantänzer, Nacht und Tag darstellend, Norddakota. Farblithographie von George Catlin, 1867, nach einem Gemälde von Catlin, 1832. Aus *O-kee-pa, A Religious Ceremony and Other Customs of the Mandans,* London und Philadelphia, 1867, Neudruck der Yale University Press, New Haven und London, 1967. Musée d'Ethnographie, Genf. Foto Antonio Masolotti, Genf.

99 DAVID Jacques-Louis (1748-1825) - Tod des jungen Barra - (118×155 cm). Undatiert, unsigniert und unvollendet im Atelier des Künstlers gefunden. Musée Calvet, Avignon, Foto des Museums.

96 DÜRER Albrecht (1471-1528) - Der Zeichner und sein liegendes Modell - um 1525 - (7,5×21,5 cm) - Holzschnitt. Kunsthalle Bremen. Foto des Museums.

74 FRAGONARD Jean-Honoré (1732-1806) - Porträt eines jungen Mädchens, um 1769 - (81,5×65,5 cm) - Öl auf Leinwand. Musée du Louvre, Schenkung La Caze, Paris. Foto Réunion des Musées Nationaux, Paris.

75 GOYA Francisco (1746-1828) - Büssende Magdalena - um 1813/18 - (65×52 cm) - Öl auf Leinwand. Museum Lazaro Galdiano, Madrid. Foto des Museums.

118 JOB Enrico (1934) - Il Mappacorpo - 1974. Kartographie des Körpers von Enrico Job. An der «Contemporanea», Sektion Kunst, 1974 ausgestellt, Villa Borghese, Rom. Sie besteht aus rund 1000 Fotografien. Die Haut wurde gezeichnet und in Quadrate unterteilt, 4,5 cm für den Körper, 2,5 cm für den Kopf. Diese Quadrate wurden fotografiert, vergrössert, auf Tafeln montiert und stellen wie ein riesiges Puzzle den Körper dar. Foto Giorgio Colombo.

119 JOURNIAC Michel (1943) - Blut: Annäherungsversuch - Aneignung des Körpers - Aktion, 1969. Sammlung Galerie Stadler, Paris. Foto der Galerie.

124 JOURNIAC Michel (1943) - Inzestuöse Variationen - Aktion, 1975. Links oben: Vater - Liebhaber / Sohn - Knabe - Liebhaber / Sohn - Voyeur; oben rechts: Sohn - Tochter - Geliebte / Sohn - Knabe - Liebhaber / Sohn - Voyeur; unten rechts: Sohn - Knabe - Liebhaber / Sohn - Knabe - Liebhaber / Sohn - Voyeur. Fotos und Fotomontage Michel Journiac.

106 KLEE Paul (1879-1940) - Liebeslied bei Neumond - 1939 - (100×70 cm) - Aquarell auf Jute. Paul Klee-Stiftung/Kunstmuseum Bern. Foto des Museums.

108 Yves Klein bei der Vorbereitung seines Modells für die Anthropometrie ANT 15; 27. Februar 1960 in seinem Atelier, Rue Campagne-Première, 14, Paris. Sammlung Robert L. Gerry, Houston, Texas. Foto © Harry Shunk, New York.

109 KLEIN Yves (1928-1962) - Anthropometrie ANT SU 21 - 1960 - (64×56 cm). Privatsammlung. Foto Christian Larrieu.

111 KLEIN Yves (1928-1962) - Anthropometrie ANT 85 - 1960 - (155,5×352,5 cm). Privatsammlung. Foto Christian Larrieu.

102 KLIMT Gustav (1862–1918) – Die Braut – 1917/1918 – (166×190 cm) – Öl auf Leinwand, unvollendet. Privatbesitz. Copyright Galerie Welz, Salzburg.

103 KLIMT Gustav (1862–1918) – Wasserschlangen – Gegen 1904/1907 – (50×20 cm) – Verschiedene Techniken auf Pergament. Österreichische Galerie im Belvedere, Wien. Foto des Museums.

42 LE MOYNE DE MORGUES Jacques (?–1588) – Saturiba, Häuptling eines nicht identifizierten Stammes aus dem 16. Jh., Ostflorida. Stich von Théodore de Bry, 1590, nach der Skizze von Jacques Le Moyne von 1564. Bibliothèque Nationale, Paris. Foto Bibliothèque Nationale, Paris.

114 LICHTENSTEIN Roy (1923) – The melody haunts my reverie – (76,4×61 cm) – Siebdruck. Musée Cantonal des Beaux-Arts, Lausanne. Foto des Museums.

123 LÜTHI Urs (1947) – Tell me, who stole your smile – (zwei aus der Serie von acht Porträts) – 1974 – Fotografien auf Leinwand. Fotos Egon von Fürstenberg.

116 MANZONI Piero (1934–1963) – Lebende Skulptur – 1961. Sammlung Valeria Manzoni, Mailand. Foto Archiv Skira.

100 MOREAU Gustave (1826–1898) – Salome tanzt vor Herodes oder «Die tätowierte Salome» – 1876 – (92×60 cm) – Öl auf Leinwand. Musée Gustave Moreau, Paris. Foto Lauros-Giraudon, Paris.

120 NITSCH Hermann (1938) – 48. Aktion – Paris, 1975. Foto Galerie Stadler, Paris.

119 PANE Gina (1939) – Psyché – Aktion in der Galerie Stadler, Paris 1974. Sammlung Galerie Isy Brachot, Paris. Foto Galerie Isy Brachot.

115 RAINER Arnulf (1929) – Mit Ring – 1971 – (40,5×50,5 cm). Kreide und Farbstifte auf Foto. Foto Atelier Rainer, Wien.

104 Egon Schiele vor seinem zerstörten Gemälde «Begegnung» von 1913. Fotografie von A.J. Trčka, 1914. Historisches Museum der Stadt Wien. Copyright Direktion der Museen der Stadt Wien. Foto des Museums.

105 SCHIELE Egon (1890–1918) – Selbstbildnis, masturbierend – 1911 – (48×32,1 cm) – Bleistift und Aquarell. Graphische Sammlung Albertina, Wien. Foto Lichtbildwerkstätte «Alpenland», Wien.

105 SCHIELE Egon (1890–1918) – Akt (Gerti Schiele) – 1910 – (44,8×28 cm) – Kohle und Aquarell. Graphische Sammlung Albertina, Wien. Foto Lichtbildwerkstätte «Alpenland», Wien.

123 SIEVERDING Katharina (1944) – MATON 1/2 – Aktion, 1972/1973. 132 Fotografien. Sammlung der Künstlerin.

112 WARHOL Andy (1930) – Liz – 1962 – (101,5×101,5 cm) – Serigraphie auf Leinwand. Privatsammlung.

113 WESSELMANN Tom (1931) – Great American Nude, No. 57 – 1964 – (121×165,1 cm) – Polymer auf Karton. Sammlung Whitney Museum of American Art, New York. Geschenk der Freunde des Museums. Foto des Museums.

43 WHITE John (aktiv 1585–1593) – Eingeborener aus dem britischen Kolonialreich, dessen Körper mit Pastellfarbe bemalt ist – Aquarell. The British Museum, London. Foto des Museums.

Vorgeschichte, Kunst der

10 Frau mit Bisonhorn oder Venus von Laussel (Dordogne). Flachrelief aus Kalkstein. Aurignacien oder Protosolutréen. Musée d'Aquitaine, Bordeaux. Foto des Museums.

11 Venus von Willendorf (Niederösterreich). Skulptur aus Oolithkalkstein. Spuren roter Farbe (11 cm hoch). Aurignacien. Naturhistorisches Museum, Wien. Foto des Museums.

13 Unkeusche Venus. Figürchen aus Mammutelfenbein (8 cm hoch). Laugerie Basse Dordogne. Mittleres Magdalenien. Musée de l'Homme, Paris. Foto José Oster.

14 Negativabdruck einer Hand. Pech-Merle (Lot). Vor 15 000 v. Chr. Foto Jean Vertut, Issy-les-Moulineaux.

15 Gruppe von vier Händen mit gebogenen Fingern (oder verstümmelte Hände). Gargas (Hautes-Pyrénées). Foto André Leroi-Gourhan.

16 Felsgravierung eines weiblichen Kopfes. La Marche (Vienne). Aus: J.A. Mauduit, *40 000 ans d'art moderne,* Librairie Plon, Paris, 1954. Foto Antonio Masolotti, Genf.

16 Knochengravierungen maskierter Gestalten. La Madeleine (Dordogne). Aus: J.A. Mauduit, *40 000 ans d'art moderne,* Librairie Plon, Paris, 1954. Foto Antonio Masolotti, Genf.

21 Tätowierte Haut einer Männerhand, mit Darstellung mythischer Tiere, Pazyryk (Hochaltai), 5.–6. Jh. v. Chr., reproduziert mit der Genehmigung des Direktors des Museums Ermitage, Leningrad.

BG0295
~~2495~~ /990.-